河合ブックレット　33

# 9・11以後　丸山真男をどう読むか

菅　孝行

河合文化教育研究所

もくじ

## 二、「時代の子」丸山真男の宿命――作為という価値の呪縛を生きる



## 三、擁護しなければ葬送もできない――丸山真男の追悼のされ方

# 9・11以後　丸山真男をどう読むか

# 一、9・11以後　丸山真男をどう論じるか

## この六〇年のさまざまな言及

丸山真男は日本における近代政治学の確立者であるとともに、大塚久雄・川島武宜・石母田正・竹内好と並ぶ、あるいは彼らを代表する戦後思想のオピニオンリーダーでもある。それゆえにさまざまな立場から批判的に言及されてきた。丸山を秩序の側、あるいは内面的秩序の側の思想的規範と見立てる、いわば「左」からの批判は、吉本隆明の「丸山真男論」をもって嚆矢とするが、引き続いて六〇年代末、丸山が全共闘運動と激しく対立したこともあって、吉本による批判と半ば重なって全共闘の立場からする丸山批判が沸き起こった。それは丸山批判にとどまらず、近代および近代主義そのものへの批判と深く重なり合うものだった。この時期の丸山批判には筆者自身、多少は加担してきた自覚がある。大学秩序維持の側に立つ丸山と、大学解体を叫ぶラディカリストたちの緊張関係の中から導き出された批判は、その言説のすべてが正当だったなどとは到

底いえないが、しかし必然だった、あるいは不可避だった、というしかない。

批判の視角がある種の飛躍と変質を遂げるのは、いわゆるポスト・モダン派が、政治学や社会学、あるいは論壇の狭い範囲のこととはいえ、言説の主流となった後、とりわけ『現代思想』が九四年に丸山真男を特集して以来のことである。中野敏男、姜尚中、酒井直樹らによって代表される「左」の批判言説のトレンドは「近代主義」批判から「国民主義」批判へと転換する。(中野・姜・酒井は、ポスト・モダン［脱近代］派一般というより、ポスト・コロニアル［脱植民地主義］を主題とする論者たちと位置づけるべきだと思われる。しかし、ポスト・コロニアルを主題とする論者がみな丸山の国民主義に対する激越なイデオロギー批判に力を入れてきたかというと、必ずしもそうではない。たとえば斉藤純一は、「丸山真男における多元化のエートス」(『思想』九八年一月号)などで、丸山に一定程度の評価を与えている。)

保守派からの丸山批判は、一貫して革新派の戦後民主主義思想に対する攻撃として位置づけられてきた。九〇年代からの代表的論客としては、佐藤誠三郎、西部邁、佐伯啓思などがあげられる。これについては本書の別稿で、少し詳しく触れた。

こうしたさまざまな傾向には、読み方のスタンスの違いを超えて、論者の立論に際して丸山の生きた時代の息遣いに、少なくともある程度の関係意識を抱いているという共通の性格があった。よかれあしかれ、これを見事に覆したのが、小熊英二著『民主と愛国』の丸山真男論だった。これも詳細は本書所収の別稿に譲るが、彼我の生きた時代の歴史の文脈に拘泥しない、あるいは強く拘泥する契機を自己の内部に持ちようのない若い研究者が丸山を論じるにいたったのである。半世紀を越える星霜というものに想到せざるを得ない。それは単に時が経ったというだけのことではない。問題構造の転換を同時代の歴史意識で把握することのできる経験の共有が不可能な世代が、研究者・批評者として登場した、ということである。そして同時にそれは、論者と丸山との関係の質的転換にとどまらない、世界史的転換を生み出すほどの時間がたったということでもあった。後述するように、世界貿易センタービルとアメリカ国防総省への襲撃が行われた二〇〇一年の9・11事件と、それを契機に開始された二つの〈ブッシュ戦争〉は、そういう意味を持った事件だった。

## 丸山真男をいま読む意味

一般に思想を読むことは、読むものが、その読みを公にすることによって、読まれ、客観化され、正体を曝し、位置づけを与えられる営みであることを避けられない。何を語っても、語られたこととともに、語り手の姿が明らかにされる。批判者には批判者それぞれへの報酬が返ってくる。たとえば丸山真男の共産党批判（『思想』五六年三月号「戦争責任論の盲点《（ママ）》」）への共産党の反批判など、その最たるものではあるまいか。

「戦争責任論の盲点」で丸山は、共産党が、革命運動の前衛として、一九三〇年代の日本における帝国主義戦争反対の運動をリードしてきた政党であるからこそ、運動の敗北と、日本人の侵略戦争への翼賛という歴史的事実に対して、結果責任を負わなければならないと主張した。これに対して、日本共産党は、丸山の言う意味での政治責任を認めようとせず、党としていかに最後まで闘ったか、無謬であったかをあげつらった。丸山はよしんばそうであっても、いやそうであればこそ、運動の敗北に責任を負うのは共産党以外にないといっていたのであるから、この応答はすれ違い以外のなにものでもなかった。そして、闘った党、無謬の党のイメージが損なわれるのを恐れて、議論をすれ違わせたのは共産党のほうだった。しかも、三〇年以上も経ってから、その議論をまた機関誌誌上で大々的にむしかえした。こういうことをすれば自己免責以外に関心がない組織であると、お里が知れてしまう。

丸山の言説と向き合うことは、数十年の歴史に向き合うことであり、数十年の歴史を生きてきた人間のスタンスとその根拠に向き合うことであるから、あげつらえば、あげつらった者の正体が暴かれることになる。丸山の初めての論文が書かれたのが一九三六年（緑会雑誌懸賞論文、「政治学における国家の概念」）であるから、丸山が活躍した六〇年間には、帝国主義戦争（日本の侵略戦争）の時代、東西冷戦（日本の占領と民主化、高度成長、経済大国化）の時代、冷戦の終焉以後の混迷が経験され、そしてグローバリゼーション（という名のアメリカ化）への過渡期に丸山は死んだ。

アメリカ化の日本におけるあらわれとして、九九年八月の国会では、新ガイドラインの関連国内法としての周辺事態法、さらには組織的犯罪対策法、住民基本台帳法、国旗国歌法などが制定された。そして丸山が死んで五年後、９・11事件が起きた。世界はいま、次の大きな、少なくとも短期的には心ある人間の憂愁を喚起してやまない転換を経験している。アメリカの支配は、日本では小泉内閣の下での、アメリカの軍事行動への自衛隊の本格的参加とテロ対策特措法などによって特徴づけられる。

冷戦終結後、９・11を経て現在に至るこの十年余に起きたことを丸山の仕事と関連付けて考えると、そこで起きている事態は、

①．丸山が見出した認識と価値のフレームワークの原型としての西欧の理念（理念としての近代の普遍性）と、

②．理念によって覆われながら実はそれとは似ても似つかなかった西欧とアメリカを通底する軍事・政治・経済の支配実態（実態としての近代の暴力）、そして

③．両者の均衡を維持する国際的な制度（国連、ＷＴＯ、ＩＭＦ、世銀など）の規定力が音を立てて崩れ、再編成に向かっていること、を示唆してやまない。

世界レヴェルでこれに取って代わるのは、ブッシュの二つの戦争に代表される、アメリカのなりふりかまわぬ暴力（単独行動主義）である。そこには丸山が近代の世界の前提としていたであろう理念としての公共性への関係意識もなければ、それを振りかざしつつなされるであろう実態としての収奪へのいかなる掣肘もない。そういう新たな環境を自覚しなければ、丸山をアクチュ

アルに論じることなどできない状況にある。従って問題は丸山の内部にとどまらない。丸山を介して、丸山を論じる主体がオマエハナニモノカ、と問われることをますます避けられないのである。

## 9・11以後ということの意味

9・11以後とは何を意味するのであろうか。それは一つには近代二百余年、植民地支配以後の欧米の支配への衝撃的な報復以後、ということを意味する。次に冷戦終焉以後の「グローバリズム」という名のアメリカの勝手放題への本格的報復の開始以後、ということであろう。筆者とて手放しでテロリズムに賛成とはいわない。無辜の人々が多数死んだことは厳然たる事実である。(一言皮肉を書いておくと、「無差別テロ」と名づけられてはいるが、9・11の武力攻撃の標的は後のアメリカのアフガンやイラクへの攻撃よりはまだしも「正確」である。「テロリスト」たちは、その判断の是非はともかく、彼らが「敵」とみなした人々を殺した。彼らは、アメリカ軍のように粗暴・杜撰にも友軍を殺したり、救出する筈のアフガンの非戦闘員を殺したり、というようなかなる立場からも是認されようのない愚挙はしていない。)だがそれ以上に忘れてならないのは、報復に値する暴虐がそれに先立って存在したという真実ではないか。

しかしいずれにしても、ブッシュは直ちに報復を決意して「正義」の十字軍を派遣しようと計画し実行したのであるから、9・11以後とは、ほぼ時を移さず、ブッシュの計画した戦争以後をも意味することになる。西谷修は『「テロと戦争」とは何か』で、アフガンの政府を代表して、テロリストの脅威から解放してくれたアメリカに感謝するとアメリカ議会で演説したカルザイについてこう書いている。

「この人物はアフガニスタンの誰を代表しているというのだろう。少なくとも、ニューヨークの事件に何の責任もないのにこの世から駆逐された無数のタリバン兵士や、『誤爆』の犠牲になりながらけっして世界で追悼されることもない何千人もの民衆を代表してはいないだろう。けれどもそのような人物が率いる政府、初めから『国際社会』の中にしか顔を持たず、『異物』たる民衆に蓋をしてアフガニスタンを代表しようとするこのような人物だけが、アメリカの『友』と認められるのである。」

## ブッシュの戦争と〈西欧の没落〉

西谷によれば、カルザイは九〇年代半ば、アメリカの製油会社ユノカルのコンサルタントで、同社とサウジの企業の出資で行われていたアフガニスタン経由のパイプライン敷設事業計画のコンサルタントだったという。では、イラクに関してはどうか。侵攻の正当性の根拠は、核兵器および大量破壊兵器の製造と所持の証拠だった。だが、戦争終結宣言から延々と時を経た今もなお、兵器も工場も発見されない。それどころか、証拠とされた情報がガセネタだったことが露顕し、イギリスではブレア首相の政治生命が危機に瀕したが、アメリカのメディアはブッシュを守り通した。

そもそもがでっち上げであり、イラク攻撃は自己目的だったのである。そんなことは分かりきっていながら、いま世界は、アフガンでの権益確保戦略とイラクへのアメリカ・イギリスの侵攻による中東での半戦争状態の慢性化の渦中に投げ入れられている。日本政府のあれこれの選択は、アメリカとともにこの慢性戦闘状態を嬉々として生きるということだけを意味している。

ブッシュ的思想が体現したのは、外部への意識の完全な喪失である。自己に満たされたエゴイズムである。近代西欧が規範としてきた参照系を見もしなければ感じもしない、ということである。彼らは、国際刑事裁判所（これ自体、ともすれば西側世界のお手盛り裁判となりがちな性格の代物だが）がアメリカの軍人や兵士の拷問・リンチを裁くことを拒否する。また京都議定書のような国際条約によって、地球環境を汚すアメリカの軍事戦略が制約されることを拒否する。

九〇年代までの帝国主義的な「国際社会」が一応踏まえてきた国家理性のかたちとでも言うべきものをブッシュのアメリカはかなぐり捨てたのである。ＥＵ中心国はこの帝国主義的な理性をもっている。フランス、ドイツなどの国々は外部を意識して、対抗的に自己正当化を図ろうとしてきた。かれらはＮＡＴＯという枠組みで、冷戦終結後の世界を支配してきたが、彼らが考えた「国際社会」の意思とは一応先進国代表の集合的決定だった。

湾岸戦争、ボスニア紛争、コソボ紛争まで、その体裁は整えられていた。ＥＵ的な帝国主義的な理性は、普遍的価値を掲げる。近代政治の諸価値を背負う姿勢をとる。背負いうる範囲で侵略と支配を試みる。たとえば、彼らは自らの国際社会でのリーガルマインドとでも言うべきものの表象として国際刑事裁判所を構想する。また、京都議定書の批准を推進する。それは、ユネスコはじめ、国連の経済社会理事会傘下の諸組織の理念と同じである。

二〇世紀の早い時期に、西欧がアジアなど非西欧にとってかわられることにより、西欧文明が没落することを憂慮して『西欧の没落』を書いたシュペングラーの危機意識とは全然別の、しかし、紛れもない〈西欧の没落〉が二一世紀初頭に現実のものになったのである。覇権を西欧の地域から奪い取るのは、「新大陸」に西欧が生んだ怪物アメリカであり、没落を運命づけられたその理念は、かつて、左翼がブルジョワ民主主義という常套的な言葉で批判の意味を込めて性格づけたものだ。

## 近代政治の規範と丸山の仕事

西欧の近代の理念は普遍性・公共性を志向し、他方、その存在は限りなく暴力的である。理念は暴力を隠蔽したが、しかし、同時に暴力を抑制した。ブッシュのアメリカは9・11事件の衝撃ゆえに、この理念をかなぐり捨てたのだ。残るは帝国の欲望自然主義とでもいうべきほしいままの暴力である。名目上はブッシュも、正義とか民主主義とか自由とか唱えはするが、それらの価値に自己の行動が値するかどうかを、ポーズとしてでも検証してみせる意思を捨てたのである。かくて、9・11以後とは、近代政治学やそれを支える政治哲学が普遍的であるとみなしてきた先進国世界の前提の崩壊した世界の出現ということを意味する。

丸山の学問と思想は、この破壊されてしまった理念によって構成されてきた。丸山真男以下の日本の近代政治学は、この規範をもっともラディカルに、あるいは愚直に字義通り、主に日本の現実認識に適用することに方法的な活路を見出してきた。そこには神話としての「近代」の理念型があった。もちろん、それが虚構以外のものであるわけもなかった。丸山とてそもそもから承知の上のことだった。従って、それがどこまで方法的有効性を持つか、ということだけが問われるべきことである。丸山が構想した「中性国家」など実在はしない。カール・シュミットの概念を借りた丸山の「中性国家」とは、「真理とか道徳とかの内容的価値に関して中立的立場をとり、そうした価値の選択と判断はもっぱら他の社会集団（例えば教会）乃至は個人の良心に委ね、国家主権の基礎をば、かかる内容的価値から捨象された純粋に形式的な法機構の上に置いている」（「超国家主義の論理と心理」）というように説明される。なぜヨーロッパの近代国家はそういう性格を持つべく構想されたかについて、丸山は、宗教戦争と市民革命の経験が色濃く影を落としていると説明する。思想信仰道徳は私事として、個人の内面に封印し、「公権力は技術的性格を持った法体系の中に吸収」（同）することによって、公と私の確固たる分岐を可能にしたのだという。だが、このような「中性国家」は、ヨーロッパ近代国家にも、十全なかたちで実在したわけではない。それは、言わば丸山の方法概念であり、丸山の観念としてのみ実在したものだった。しかし、それでもなお、「中性国家」というスタンダードは、ひとつの抽象として存在しうる。それを参照系として日本社会を批評することができる。『日本政治思想史研究』の「自然と作為」の構図はまさにそのためのものだった。自然としての共同体という神話にまどろむ意識に裏付けられた国家論すなわち「国体論」への批判こそが、四〇年代前半の丸山の主題だった。正確には、儒者荻生徂徠の理論を使い、近世的権威における「作為」の構図と類比しながら、近代の「国体論」を批判するという迂回的手続きがそこでは取られている。

西欧モデルの規範は戦後のファシズム批判に継承される。中野敏男の指摘（『大塚久雄と丸山真男』一九四頁以下）するとおり、丸山は、戦時下においてはナチス主流派の国家論の特徴を、ナチスの異端だったシュミットの「中性国家」の理念型と対立する「内容的価値」への従属に見出して国体論と並列して批判していたが、戦後にはナチスを含むヨーロッパ近代国家の「中性国家」を参照系に、国体論批判が展開される。このように、国体論批判の座標軸が戦中と戦後で変更されていることに問題はあるにせよ、「作為」の「形式」としての国家という西欧的国家と民族（の自然性）という内容的価値を重視する日本の国体論を対比するという把握の構造と、「自然」に対する「作為」の優位という自覚的なスタンスは一貫している。ここから、過剰なまでの全体主義国家ナチスへの評価と、日本軍国主義国家（国体論の国家）への侮蔑が導かれるのである（「軍国支配者の精神形態」、『現代政治の思想と行動』所収、参照）。その点では、戦中と戦後で丸山はぶれていない。

自然と作為の関係については改めて後述するので、ここではこれ以上論じない。ただ、言っておきたいのは、社会契約によって生み出されたという虚構にはじまる近代国家が、人間の自由を保障する政治的装置たり得るためには、それを個人の内面の価値から切り離さなくてはならず、国体論的国家への逆行を許さないことこそが、戦後日本の最大の課題だと丸山に認識されていたに違いないということ、その点で「作為」を自然の上位に置くという観点は、丸山のライトモチーフにほかならなかったということである。

## 反「西欧近代」「戦後民主主義」論としての丸山批判

丸山は、主要な関心を日本社会とその歴史に置いてはいるものの、認識枠組みの規範は西欧から抽出されたものであるから、一見西欧哲学や西欧政治学の翻訳語によって構成された記述に見える。それゆえ注意深く読む気のない読者には、西欧近代にないものは丸山の思想にもなかなか見出すことはできない。丸山の背後にある「西欧近代思想」の骨組みだけが見えるのである。丸山によって独自に再解釈され、再構築された、理念としての西欧を基盤とする日本を分析する方法概念の独自性は見えない。

右も左も反「戦後民主主義」派は丸山批判を、自分の見た限りでの丸山の西欧思想依存に集中する。右派は、西欧モデルで日本の固有性・独自性を視野に入れていないと批判した。丸山がいつ本格的に天皇制を批判の対象とする決断をしたにせよ、戦後の早い時期から丸山は民主化・近代化の思想的リーダーだった。共産党直系でない丸山への信望は、広範囲に及んでいたから、右派は、攻撃の機会を狙っていた。丸山の「普遍主義」「啓蒙主義」は、人びとのナショナリズム信条を操るのに、格好の誹謗材料となった。この手のステレオタイプな批判は今もまだ続いている。

また戦後民主主義が、アメリカ占領軍によってもたらされたものであることや、それが戦後支配層の政治的自己保全や経済的利権のバックアップ装置としての側面を有すること、革新勢力の保守化傾向を正当化する思想的制度的契機ともなり始めたこと、近代合理主義のイデオロギーが社会の桎梏となる面が顕著になり始めたこと、必ずしも丸山の責任とはいえないこうした状況が、エリートへの潜在的悪意を見事に吸引することに成功した吉本隆明の丸山批判を突破口とする、ルサンチマンに充満した戦中派思想家や新左翼周辺からの丸山批判が猖獗を極める。これらの批判は、日本の戦後民主主義批判を媒介とはしているが、標的は西欧由来の近代合理主義、およびそれに依拠する経済・社会・政治の制度機構とその運用の流儀である。解釈者によって西欧近代由来であると一面化されてしまった丸山の理論は、そのこと自体が敵視の根拠とされたのである。

更に、右派が眼の敵にした西欧に対する日本の特殊性の認識の「欠落」とは別の意味での特殊性への認識の不在は保守派ナショナリストとは全く別の論者の批判を招いた。旧植民地住民、エスニシティー、女性に対する近代西欧社会の抑圧性に対する自覚は丸山の著作では明確ではない。

少なくとも、明示的な言及はない。それゆえ丸山の「中性国家」モデルの人権論、民主主義論は、「近代主義」の典型的な通弊を免れていないという批判を導く。この点は、ポスト・モダニスト、ポスト・コロニアリストの批判の標的ともなった。後述するように、わたしはこの欠落を指摘することの必要と、これを鬼の首でも取ったようにこと上げし、はては丸山を国民主義者を通り越した国家主義者あるいは度し難いセクシスト、植民地主義者、天皇主義者であると烙印を押すこととは全く別のことだと考えている。

〈西欧の近代〉への根拠ある批判が進む趨勢に背を向けて、それでも丸山は指標としての近代に、西欧に固執した。それは丸山の方法に対する強い確信であるとともに、自己の思想形成の歴史的規定性への固執の結果にほかなるまい。よく知られているように、丸山は、戦後民主主義に対する批判に抗して、敢えて戦後民主主義の「虚妄」を選ぶ、と宣言した。フランツ・ファノンらの第三世界論がたち現れ、自己の立脚している思想的基盤が揺さぶられつつあることを、丸山が気がつかないわけはなかっただろう。単に、日本内部の議論だけを相手に、戦後民主主義の「虚妄」を選択するといったのではないように私には思える。そもそも「中性国家」という方法概念を構想した意図に遡って推察すると、「虚妄」の選択とは、ヨーロッパ近代に形成された精神史の蓄積を丸山の読みに即して再構築することによって作り出された、社会的な人間活動に対する普遍的公準への固執のことであったに違いない。日本特殊のレヴェルとしての戦後民主主義批判、世界思想のレヴェルでの近代合理主義批判は、丸山が達成した方法に対する試練であったに違いないのである。しかし、思想家の営為というものは、自己の方法を軽やかに捨てて、旗色のよさそうなほうへ乗り移れるほど、便利なものではない。それゆえ長年の蓄積として獲得した方法の有効性の時間的あるいは歴史的射程を試すために、その方法に固執するという以外の選択肢は丸山にはなかったのだと私は考える。丸山が「時代の子」だったとわたしが言ったのはそういう意味でもある。

## 公共性の再構築のために

先にも触れたように、丸山が死んで八年、ブッシュのアメリカが、虚構としての公共性の基準と基盤を破壊し去った。「作為」の理念のフレームワークの実体的根拠はなくなった。丸山の構築してきた議論は言論空間の砂漠に投げ出された。奇妙に聞こえるかもしれないけれども、「虚構」としての理念は、「虚構」に批判される実体なくしては構想されえないし、機能しない。丸山の構想した「中性国家」が実在のものである必要はないが、少なくとも、理念として、凡そのところ共通の価値意識を掲げ、そうであるがゆえに実態がそれと適合しないことを絶えず理念によって批判されているような民主主義国家が存在し、それが地となることによって、理念の図が、政治空間の中で意味を構成できるのである。

世界最凶暴の〝ガキでか〟ブッシュのエゴに依拠した単独行動主義からの自由を確保するには、

思想的には、底をついた公共の指標の再構築が試金石となる。丸山を読み込むという営為もその一環でなければならない。なぜなら、丸山が試みてきたことは、関係の公正を個人の内と外、社会における公と私の「二重の統一」（間宮陽介『丸山真男論』二三七頁以下参照。ここで間宮は、丸山の基本的な課題は、個人の内と外、社会における公と私の統一であったとし、丸山の「社会とは人間の主体的実践の交錯する場である」という考えと、アーレントの考えを共通のものだと述べている。そして、自由な活動が創出する「出来事」が、個人の内部と外部、社会の公と私を統一するとし、この統一がなされる空間がアーレントのいう政治空間すなわち公共空間であるとしている。また、このような政治空間を形成しうる政体は民主主義をおいて存在しないというのが丸山の民主主義論だったと述べている）において実現する条件の模索であり、「直接間接に民主主義の問題」（同二三七頁）であり、公共性の問題であるからだ。

公共性の再定位という主題は、加藤節が用いる「文明」と「野蛮」という構図に即していうなら、野蛮と文明が事実によって転倒された9・11以後、伝統的な西欧の理念が、ブッシュ以後のアメリカを掣肘できなくなったことによって歴史的実体としての欧米とは完全に無縁になった。「文明」と「野蛮」が相対化されたのではなく、過去の「文明」＝欧米とは別の次元に、地域性や文化の固有性を超えたものとして、「人間の尊厳を保障するものを価値とする」（加藤節『政治と知識人』）普遍性を措定することが、課題とされるようになったのである。

こういう問題状況の中で、丸山真男の仕事はなお有効であるか、ないかが問われねばならない。

西欧の「没落」（つまり、西欧の原理が生み出したアメリカという怪物「民主主義国家」の単独行動主義を西欧の指導者たちでさえもが掣肘できないという無残なていたらく）は、一見、西欧近代の生み出した理念と制度機構を用いて紡ぎだされた丸山真男の業績の陳腐化を意味するかにも見える。だが、注意すべきことは、丸山の思想と方法は、間文化的、間地域的な相互的関係性を貫くものとして構想されたのである以上、実体としての西欧の帰趨から一応切り離して取り扱えない訳ではない、ということである。また、アメリカによって蹂躙された西欧の「没落」と、一時的なアメリカの制覇はもちろんのこと、それがいずれもたらすであろう二〇世紀的秩序の瓦解も、西欧でもキリスト教でもない他の特殊な文化――たとえばイスラム――が、それ自体として普遍性を体現する直接の契機となるわけではないということである。

ラディカルな「近代主義者」である樋口陽一は、国民主権批判、性差・健常と障害の別・異性愛か同性愛かといったセクシュアリティーの個人差の差異の声を塗りつぶす普遍的人権論や人間中心主義への疑念を列挙した上で、次のように語っている。

「これらの疑念の根っこには、『普遍』の価値を標榜してきた『近代』ヒューマニズムに対抗する、文化単位の個別性の主張がある。（しかし、これらの主張と西欧との）こういう対話に立ちまじって、『近代』批判を可能にするものこそが『近代』であり、それを手放すわけに行かぬと考える立場は、これを書いている私を含めて、『近代』を擁護するだろう。そのための相互の『対話』は、既成の体系を多かれ少なかれ揺るがすだろう。しかしまた『揺れるけど沈まず』という言葉

もある。」(二〇〇二年八月十二日『朝日新聞』夕刊)

加藤節が西欧文明と別なところ(それが可能かどうかに疑問はあるにしても、特定の場所や文化の中にではなく、ニュートラルなどこか)に普遍を見出そうとするのに対して、樋口のほうは、なお「虚構」の「近代」の「作為」を有効とみなしているのだといえよう。丸山の軌跡の延長に樋口の立場があり、丸山の依拠した「西欧」から距離をとった、いかなる特殊性からもニュートラルであるような位置を加藤は探している、ということができようか。

いずれにせよ、丸山を読むということは、この二一世紀初頭に人類が遭遇してしまった課題に応えるために、寄与するのかどうか、するとすれば何を通してか、どの程度か、を検証することに他ならない。寄与しないと判断すれば、論じなければよい。それでもあえて論じるのは、好事家の趣味以上のものではない。(丸山死後の新しい資料として、小尾俊人が編集した『自己内対話』がある。発表を予定していない手記であるが、丸山を内在的に理解するための格好の導きの糸となる著作である。たとえば間宮陽介の『丸山真男論』は、この手記を活用して、丸山を読み解くものであった。)

## 不可解な情熱──ポスト・コロニアル派の「国民主義」批判

右のような丸山論の課題と対応させて考えるとき、わたしが面妖至極に思うのは、ポスト・コロニアル派（ポストモダン派のうち、欧米の帝国の支配とその普遍主義を超えようとする潮流に与していると認定すべき人びとを、ポスト・コロニアル派と呼んでおくことにする）の丸山批判である。何を面妖と感じるかというと、たとえば中野敏男が、あるいは姜尚中が、あるいは酒井直樹が、丸山真男を思想の主要敵と見立てて批判する情熱の源泉である。たとえば、中野はこう書く。

「厳しい時代的制約から来る難点（「時代の子」？）をあれこれあげつらうより、むしろその思想的可能性を見るべきではないだろうか。

このような疑問は、しかしわたしの見るところ、戦中の丸山の思想を考える際の、そしてそれを戦後の丸山に結び付けて考える際の、もっとも大きな落とし穴であるように思う。」

中野は名指ししていないが「時代の子・丸山真男の宿命」という文章を書いたのは私である。中野には、お前など視野に入っていないといわれるかもしれないが、暗黙にではあれ、「落とし穴」に落ちた人間として名指された以上、こちらはそうはいかない。放置できないもうひとつの理由は、丸山の戦時下の政治思想が、植民地住民やマイノリティーや女性や銃後の人々すべてを侵略戦争に自発的に参加させるための精緻にくみ上げられた国民主義思想であった、という読み込みが、当を得ていないと考えるからである。

私は、厳しい時代的制約の下にあった「時代の子」を甘く評価しろといっているのではない。いかなる時代にも、その時代全体の関係性のコンテクストというものがあり、それを読み込むことが、思想や理論を解読することの始まりだというにすぎない。そして、今日の関心から、今日のパラダイムで、過去のある時点での思想的営為の意味や価値を回顧的に裁断するのは方法的に不毛だと思うからである。そして、同じことだが、こういう非難の情熱が理解を絶しているからでもある。そして断っておきたいのは、中野は、「時代の子」擁護論者は「今はとりあえず戦後の限定に立ち戻り、そこで語られた『平和と民主主義』『国民主権』『主体性』の思想を擁護しなければならない」（中野、前掲書、あとがき）と考えているかのように論じているが、思想を時代全体の文脈の中で読むべきだということは、いま「平和と民主主義」「国民主権」「主体性」を擁護することと同義だなどとはわたしは決して考えていない。

「国民主義」の哲学による内発的な主体性に導かれた国家への動員がいかがわしいのは、中野の説くとおりである。だが、これは政治的自由のうちの「への自由」につき物の通弊である。それは丸山固有のいかがわしさではない。参加民主主義あるいは自治・集合的自己決定とは一面でそういうものだろう。丸山が一九四〇年代前半に念頭においていたのは、現存の天皇制国家日本、軍国主義国家日本の、上からの動員の強制一筋の実態であったに違いない。一九四〇年に大政翼賛会が組織されたとき、活動の場を奪われていた左翼や自由主義者は、下からの自発性に基づく翼賛会の運営に期待をつないで裏切られた。それと相似の、今から見れば虚妄の期待を、丸山は下部「国民」大衆の主体的自己決定に見出そうとした、というに過ぎないのではあるまいか。

だからこれが結果として、有効な批判ではなかったということはできる。しかし、戦前・戦中の丸山の主要論文のモチーフは明らかに軍部独裁批判である。しかもそれが批判であると見なされれば逮捕は不可避の社会状況での批判である。現に、中野正剛のようなファシストでさえ、東条英機の逆鱗に触れて逮捕され（自殺し）た時代だ。奴隷の言葉で粉飾するのは言論不自由の社会における自己防衛の知恵ではないのか。その提案が、読みようによっては、喜んで死ぬ自発性や国民であることを植民地住民やマイノリティーや銃後の女性に強制することであるがゆえに、逮捕を免れたのではないのか。もちろん、奴隷の言葉で語られたことは、境界の向こう側へは別の意味を伝えてしまう。尾崎秀実は大日本帝国の国賊だったが、風間道太郎の評伝によれば、朝日新聞記者としての彼の論説は、奴隷の言葉で書かれていたがゆえに、中国人には日本帝国主義のイデオローグと理解されていた。奴隷の言葉で語るとき、語り手はそれを覚悟しなければならない。しかし、後世の研究者は、「動員」の思想としての顕在化された意味だけでなく、そこに重ねられた含意をも解読しなければならない。

だが、中野敏男はそうは考えない。丸山の「国民主義理論の形成」を批判して、丸山がそれを書いた時期、日本人になろう、という呼びかけが、植民地において、「自主的」に日本人以上の日本人になろうという植民地の側の同化主義者を生み出す状況にあったこと、日本人たることへの動員の中には、「従軍慰安婦」になることまでが含まれていたこと、沖縄では「自主的」集団自殺にまでいたるような「監視され暴力を行使する主体になる」ことが強いられていたこと、日本人の中でも「非国民にはなるまい」という脅迫的な自発的動員への動きが急であったことを中野は指摘し、丸山の主張もそういう抑圧や暴力とむすびついていたという。そして、丸山が日本人になろうと呼びかけたのではなく、「国民」たろうと呼びかけたことの意味を次のように言う。

「とはいえ、そのことがまた落とし穴であったのではないか。なぜなら、普遍主義的に語られる国民主義は、固有名のついたナショナリズムが『境界』でその時に実際に引き起こしている暴力を濾過して、かえって見えないものにしてしまうからである。」（一八二頁）

「日本人になろう」という自発性を引き出す動員の思想が生み出していたものに丸山が無防備だった、警戒がかけていた、と批判するのならわかる。国民になろう、のほうが悪いというのだ。

中野によれば、戦時下の丸山はかなり能動的な天皇主義者だということになる。丸山は「国民主義理論の形成」で、「作為主体形成という課題と、それに対する天皇制の意義を語っている」と中野は言う。そして、「丸山は、『一君万民』型天皇制の不可避な所以をも認めつつ、総力戦体制に必要な国民的啓蒙の役割を担っている。」と断じるのである。

## 虫唾が走る批判スタイル

さらに中野は、「国民主義理論の形成」について、それが戦後啓蒙の陥穽を準備するものだったとして、こう書く。

「戦後日本において長らく維持されてきた正統的な自己意識である『単一民族』と言う観念が、

ここでは絵に描いたようにはっきりと示されている。」（一八三頁）

確かに丸山には、一九七〇年代の「歴史意識の『古層』」に至るまで、単一民族幻想のようなものがあり、（それが日本人の他者意識の不在の論拠とされるなど、日本人批判の論拠とされているとはいえ、）日本認識の弱点となっていることは間違いない。しかし、だからと言って、この丸山の論文が、「『単一民族』としてのアイデンティティー形成にしっかり奉仕」（一八四頁）するものだという見解はためにするものというほかはあるまい。

また、中野が指摘するように、丸山が明確に天皇制に反対の立場をとるのは、戦後直後のことではない。しかし、戦後の丸山を天皇主義者に仕立て上げ、「ここからは、『象徴天皇制』と『国民的民主主義』が結合した『単一民族国家＝日本』という戦後日本の基本構図まで、ほとんどもう一歩」（一八四頁）というのは、悪意に基づく牽強付会以外のなにものでもない。

中野は、この基本構図と丸山を代表とする戦後啓蒙が「相互補完的」なものだったとして、次のように書く。

「もしこの戦後啓蒙こそが（中略）帝国主義宗主国の脱植民地化という課題を素通りさせるのに貢献したのであれば、それは『ファッシズムVS民主主義』という図式でこの帝国主義戦争を解釈し、『民主主義の教師』という自己了解を持って戦後東アジアにも覇権を求めてゆくアメリカの戦略思考にとって、まことに好都合なことであったはずなのである。」（二一四頁）

この「戦後啓蒙」への情熱的な（！）悪意の深さは、論拠こそ異なれ佐伯啓思に酷似している。戦後啓蒙が、日本帝国主義の侵略戦争の加害責任を掘り下げるに際して、思想的な役割を果たせなかったということは、十分すぎるほど理解できる。また、戦後民主主義のシステムが、戦前との密通、とりわけ行政機構や独占資本の旧悪をそのまま温存し、戦後復興の糧にしたということも頷ける。しかし、丸山であれ、大塚であれ、川島武宜であれ、石母田正であれ、政治レヴェルの革新派よりは、遥かに日本社会や戦争の歴史について踏み込んだ洞察を加えようとしたのであり、彼らが直接にアメリカ帝国主義の占領政策を支えた元凶だと言うのは、「勇み足」を超えて、誹謗中傷といわねばなるまい。何が哀しくて、こういう言い募りを、丸山をも代表人格の一人とする教授会権力に弾圧された当時の東大生ならいざ知らず、今頃になって、国立大学という戦後の権力機構の一翼に地位をえた研究者が一片の含羞もなく、敢えてするのであろうか。

多義性を含み持つ言説を最悪の文脈でのみ読み込み、だからこいつは最悪に犯罪的な国家総動員の思想家・啓蒙家だ、アメリカ占領政策の支え手だ、という語りは、許せぬとはいわぬが、少なくともわたしの趣味に反する。断っておくが、趣味とは人間性の根源のことだ。また、もし、抵抗の意思があるなら、それをあからさまに言え、ということを、戦時下日本の国家批判者に向けて言い放つのは、これもわたしの趣味に反する。たとえ発言者が日本人左翼でなく、在日や本国の韓国人・朝鮮人であっても、である。まして、遥か後世の、発言だけでは監視はされても逮捕はされず、まして死に瀕することのない知識人によって言われるのは不快の極みである。虫唾が走るとはこのことだ。

私の考え方はいろいろの点で「最大の落とし穴」だと直接間接に批判されている（中野の主要な論敵は間宮陽介、宮村治雄、平石直昭、笹倉秀夫、など）ので、関連していくつか反問しておきたい。中野とともに丸山の「国民主義」批判の先頭に立つ酒井直樹が、「丸山真男と忠誠」（『死産される日本語・日本人』所収）でこう書いている。

「近代の国民形成で起こってきたのは、国民教育や国民皆兵制度を通じて、自らの死を賭けることによって、国民共同体に帰属する仕方を国民が学ぶことであって、国民共同体への忠誠とは、まさに彼（丸山）が日本的なものとして特徴づけようとしているものにほかならない。」

酒井は、丸山の関心事は外部に向かわずもっぱら日本にあった、とする視点で批判を展開しているのだが、それにしても、何処を叩くとこういうことになるのだろうか。ここに書かれていることは、丸山の思想の意味ではなく、近代国民国家とはどういうものか、動員システムとはどういうものか、日本のようなひずみを背負って成立すればなおさらそうなる、ということに過ぎない。丸山の思想が、その点について無防備なところがあるのは否定のしようもない。だが、丸山の思想がとりわけてそういうものだったと言うのは噴飯ものではないのか。

ここにも、中野に感じるのと同じような酒井の論証手続きを超えたアプリオリの「情熱」を見てしまうのである。そして、この論証なき情熱は、内攻的なルサンチマンの気配を感じさせる。いったいこれは何なのか。近代における歴史的激動の時代に後れて立ち会ったという、ラディカルに生きたいという欲望をもてあましたインテリの時間的コンプレックスのなせるわざであろうか。「第三世界」に生まれず、二流の「帝国主義国家」の公民として生きることへの地域的コンプレックスが生む苛立ちであろうか。

## 作為の優位・契約国家・天皇制問題

次は自然と作為に関わる論じ方とその内容についてである。先述の酒井直樹についてもいえることだが、まず「自然」と「作為」図式をめぐる議論には、「作為」を「自然」に対して対立的に措定した丸山を相対的に肯定する立場をとるものと、中野敏男や酒井直樹や姜尚中などのポスト・コロニアリストたちのように、「作為」概念それ自体を攻撃対象とする立場をとるものとの間に、コードが共有されていない、ということを踏まえておく必要があろう。

丸山には、国体論が、天皇制国家を超歴史化し、自然の所与とする思想であるという認定がまずあり、これを批判するには、近代国民国家は契約によって成立する、いわば「虚構」にほかならず、「虚構」を「作為」的に作り出されるものでなければならないという考え方を対置する必要があると丸山が考えたに違いないと推測される。当時の日本で近代国家論としてこれを提起すれば、天皇制国家の逆鱗に触れ、言論統制に引っかかる。そこで、丸山は、近世政治思想史研究という迂回路を取って、荻生徂徠の儒教思想における「作為」論を取り出し、「自然」から「作為」への思想史的展開を跡付けて見せたのだった。これを、たとえば私は、政治思想史的な意味で、極めて創造的な業績であると考える。なぜなら、丸山が直面していた天皇制国家は、国家原理に一切の批判を許さぬ国体論イデオロギーの国家であり、しかもそれは、歴史的因果としての政治過程とそこから成立した権力を、皇統連綿の自然過程と言いくるめるものであったのだから、こういう「自然」（の虚構）に対置して、「作為」の優位を言うことは、不可欠の手続きだと考えるからである。もちろん、徂徠を媒介にしたことの、近代政治思想としての不具合や、戦中の言語空間の制約ゆえの韜晦が、戦術的後退以上の意味を帯びてしまう側面がないとは言わない。しかし、丸山は徂徠分析によって、近代国民国家の政治を批判的に解読する、方法的な座標軸を立てたのだと言えると思う。

これに対して、ポスト・コロニアリストたちは、近代国家は、形成過程の権力の「作為」によって、言説によって創出されるものであり、国家の創出は国民の創出とパラレルであって、国民化政策とは、人びとの国民への動員と、異端＝「非国民」排除の冷酷な過程だった、という前提に立っている。言葉の上では穂積八束らの国体論を理解はしていても、それとの闘いのリアリティーは彼らには全くない。まして、それとの闘いに、言論統制の網の目をくぐるために奴隷の言葉を使うことへの緊張感など、全く考慮の外である。「作為」によって権力と国民を創出した近代国家は、国境の外に向けては植民地支配を行い、植民地再分割戦争を企てた、まがまがしい存在である。「作為」による国民国家の構築とは帝国主義の悪の原点にほかならない。

それゆえ彼らの関心は、のっけから、「作為」の内容の凶悪さに向かう。戦前日本の絶対天皇制との学問的・思想的闘いの現場性などお構いなしなのだ。つまり彼らは、ポスト・コロニアルが課題となった時代に、過去の思想家や研究者の事跡と立ち会って、二一世紀のパラダイムで、二〇世紀前半の思想と学問を裁断しているのである。だから、批判者は、空しくも常に正しく、それゆえに常勝である。これでは、丸山とはもちろん、丸山に相対的な肯定を見出そうとする二一世紀の論者とも、話がかみ合うわけがないのだ。

たとえば中野は、正統的な丸山理解では、『日本政治思想史研究』所収の「近世日本政治思想における『自然』と『作為』――制度観の対立としての」で荻生徂徠を媒介に「自然から作為へ」、という風に描かれたコースを近代化ととらえているが、丸山の「作為」論文はそんなものではない、という。なぜなら作為は、特定の人格による作為を意味し、すなわち徂徠においては「魔物」としての吉宗を指す。これを明治国家に反転すれば、それは一君万民型の天皇制が「不可避な迂路」として析出される、というのである。つまり丸山の理論は主体的作為で近代天皇制を産出する論理なのだというのである。

わたしには丸山の戦前の論文が全然違ったものによめる。「自然」としての国家から、「魔物」を主体とする「作為」の国家への転換とは、王権神授説の国家から、ホッブスの「リヴァイアサン」へ、を意味しているとよめる。そして丸山の近代批判、個人主義批判の上に立つ「弁証法的全体主義」の国家の構想は、とりあえず「自然」の所与とされる全体主義近代天皇制国家の、「作為」への覚醒と、将来的なブルジョワ国家から社会主義（という全体主義）への「弁証法的発展」

の重ね焼きに見える。「弁証法」の意味には、読む人が読めばマルクス、表向きはヘーゲルという二重性が隠されている。よく知られていることだが、南原繁は、優秀だが危険思想を抱き、旧制高校で唯物論研究会の集会に行き逮捕された、自分とは思想も全く異なる丸山を助手に抱えた。中野の描くような一重底の翼賛理論家なら、南原的パーソナリティーのお眼鏡に適うまい。

青年時代の丸山にマルクス主義の影響があると見るのは常道だろう。ちなみに社会主義リアリズムを反資本主義リアリズムとか発展的リアリズムとか言って検閲・発禁を免れたのは、当時の反体制派の芸術理論家たちの珍しくもない知恵だった。弁証法的全体主義の含意をわたしはそこから推測した。中野は丸山を明治天皇制の啓蒙イデオローグに仕立て上げたいらしいが、そんなことのために、なぜ心血を注いで荻生徂徠論を書くというような迂回路を通らねばならぬのか。

また中野は、戦時下には総力戦体制の啓蒙家たらんとした丸山が、戦後いち早く、象徴天皇制下の民主主義国家日本の啓蒙家へとオポチュニスティックに変身したさまを描き出す。だが、戦中の近代批判者が戦後、近代主義者に代わったこととか、象徴天皇制に対する批判の意識はかなりあとになってからでないと明確にならないこととか、単一民族論で平然とものを言っていることとか、啓蒙家丸山の現実批判が、日本を作る批判であって、日本を割る批判でなかったこととか、中野の個々の論点についてはいろいろ教えられることも多いのだが、それがアメリカの占領政策の推進・加速の役割を果たしたのだという結論にはどうしても頷けないものを感じる。「戦後啓蒙」という悪意の用語で、イデオロギッシュに丸山をあげつらう姿に、保守派ナショナリストの語りと似たものを読むのはわたしだけだろうか。何が似ているのか。普遍主義者への特殊主義者の攻撃という点で、それは左右同形なのである。

## ナショナリズムとの密通

間宮陽介は次のように書く。

「『ナショナリティーの脱構築』論は、ジェンダーの政治学、エスニシティの政治学などのいわゆる『差異の政治学』、あるいは『アイデンティティー・ポリティクス』の一環である。近代市民社会や近代デモクラシーを、少数者の排除の上に成立した政治的・社会的システムだとして批判するラディカル・デモクラシー論、あるいは文化の多様性と特殊性を強調する多文化主義も、こうしたポストモダン的潮流の支流をなしている。これらの思潮は、市民社会、デモクラシー、国家(国民)などの近代の産物を、地域・民族・文化の特殊性を抑圧する(普遍主義の専制)ものとして、根こそぎ批判し去るのである。(中略)私には、権力批判を行う脱構築派の言説それ自体が制度化され、一つの権力と化している、と感じられる。他ならぬ彼らの丸山批判にその傾向が如実に現れている。また自分だけはナショナリズムとは無縁だと思い込む彼らの無自覚は、ある種のナショナリズムにのめりこむ可能性を秘めている。なぜならポストモダン派のパティキュラリズムはナショナリズムの感情と決して無縁だとはいえないからである。」(『同時代論』一〇〇頁以下)

ナショナリズムの感情とは、自己批評の効かない、絶対的充足である。前後して『丸山真男』を書いて『自己内対話』を詳しく分析している間宮は、『自己内対話』の末尾にある丸山のメモなどを念頭に、批判者より丸山のほうが遥かに自己相対化能力があるではないか、という含意からこう書いたに違いない。丸山はいう。

「自己否定（全共闘運動の思想的キイワード——筆者注）が叫ばれる時代に、祖国と民族の伝統への回帰（右翼潮流の思想的キイワード——筆者注）を説く論調がめだって来た。しかもしばしば両者は『戦後民主主義』の告発において手をにぎりあう。無理もない。『自己否定』とは、孤独な自己にたえられなくなった者が他者との同一化をあえぎ求めるヒステリックな叫びだから。」（『自己内対話』二七一頁）

丸山は全共闘の反近代主義と右派の反近代主義の同型性を、悪意を込めて書いた。東大における全共闘学生の破壊活動に対して「こんなことはナチスもしなかった」と言ったことは歴史に残っている。また、丸山は、機動隊導入を決定した教授会の一員であるはずだ。他者との同一化を求めてあえぐヒステリーとは、ファシズムのことでもあるのだから、丸山にとって、全共闘はのっけから共闘の相手ではなく、思想的敵対者だったのであろう。つまり丸山にとってこのとき、戦後民主主義の虚妄に賭ける丸山と、全共闘と伝統主義者という左右の戦後民主主義否定派という構図が成立した。

伝統主義者のことはともかく、わたしは丸山の全共闘批判には与しない。理由は、大きく分けて二つある。一つは、酒井や中野が、丸山が一貫して権力の思想の補完者だったということには反対だが、通俗な近代合理主義者はもちろん、いわゆる「戦後啓蒙」の最良の部分まで含めて、ついにその現実批判の力と方向性を失い、六〇年代後半、まさに権力の補完物となりかけていたという全共闘の認識には根拠があると考えているからである。それと同時に、運動の流儀や手法の是非はともかく、全共闘運動の歴史認識の感度は鋭敏だったと思うからだ。

もう一つは、ナチス的な情念と全共闘の学生の情念をパラレルと見るのは、厳密好みの丸山らしくもない杜撰な認識だと考えるからである。たかだか、似ているところがあるとすれば、合理主義的普遍性が嫌いでロマン的だという程度のことではないか。一方は後発帝国主義が生んだ危機のイデオロギーの陶酔者である大衆のものであり、他方は、リファインされて復活した民主主義的帝国主義国家の、制度と政治社会思想と学問の秩序を撃つ、反乱する学生のものである。しかも、前者は粛清されたＳＡ（突撃隊）などを別にすれば、早々と権力を奪取して、「公」を偽装できる立場にあったのに対し、後者はあくまでも認知されることのない存在で、警察から見れば滅びるまで暴徒集団であり続けた。情念的で乱暴と言うだけの類似で、ナチスに似たやつらは始末してしまえと言う判断を下したとすれば、丸山の知的ならびに倫理的衰弱（耄碌）である。小林正弥のように、「知識人の矜持」（小林正弥編著『公共哲学叢書2　丸山真男論』二三四頁）などというわけには行かない。

だが、ナチスと全共闘を同一視するのはもってのほかであるけれども、自己に満たされた、偏りに無自覚な「革命的精神」もまた批判されなければならない。それは、容易に被抑圧者を名のる者の暴力の無差別な肯定に繋がる。一般化すれば、自己否定という名の自己充足に対する丸山の批判も、ポスト・コロニアリストの丸山批判に対する間宮の反批判も、粗暴で英雄主義的自己陶酔に陥った精神への警鐘として共軛だということができよう。

## いま丸山の思想を論じる意味

全共闘的ルサンチマンの残り滓はもうどうでもいいとして、グローバリゼーションとそれ以後という課題に対して切迫した緊張感を持って対処しようとするよき意思もまた、一つの時代を思索と行動を通じて生きた人間の仕事への豊穣な解読へ向かう回路をふさがれているとき、いかなる契機が、われわれと丸山の業績を結びつけるのだろうか。いかなる活路があるのだろうか。

たとえば、多くの人（佐々木力、間宮陽介、石田雄）が着目するように「民主主義の永久革命」ということに焦点を当てる、という考え方がありうる。また、丸山自身の手記を手がかりに、それを補強することも考えられる。

「自己の偏見《バイアス》を大事にしよう。偏見を『客観性』や『法則』の名で非人格化する無責任さを警戒しよう。偏見を偏見としてみとめ、それを不断に吟味することを怠らなければ、思考の硬直が防がれるとともに、『とんぼがえり』的な、立場の急旋回にも陥らないだろう。」（『自己内対話』五

八ページ）

自覚されたバイアスの相互の遭遇の場、それを公共空間だと考えれば、そこにアーレントの構想した「公」への回路を見出しうる。『人間の条件』で、アーレントが主張している「公」とは、すべての人間に例外なくその唯一性を保障される空間のことであり、その対極に彼女は、ナチス支配下のドイツを例示し、これこそが「私」の空間だと述べている。アーレントの言う開かれてあること（Öffentlichkeit）とは、政治空間における民主主義の例外なき徹底を意味し、これは、様々な瑕疵を含むにせよ、丸山の問題意識と深く重なり合っている。これを西欧はじめどこかの地域や文化集団の特権性や個人の特権性から離れて、人と人との間、集団と集団の間の関係に成立させること、それが9・11以後の世界で試みられるべき政治の指針だということができる。またそれが、丸山の創造的な読みの課題だという事もできよう。

だが、それは、明るく近未来を照らす指針ではありえない。9・11以後の二つのブッシュ戦争によってアメリカの支配は崩壊に向かうという認識もありうることは知っている。西谷修がそういっている（前掲書）し、他にも多くの筆者が書いている。件の中野敏男も書いている。私も希望を持たないわけではない。だが、9・11以後の世界で丸山を読むという作業に就こうとするときに、何よりも先に考えるべきことは、われわれは「近代主義」者ではないかもしれないが近代（の略奪者）そのものであり、「国民主義」者ではないかもしれないが「国民」（国家に身分を保証された者）そのものであるという事実ではないか。そして、大雑把に言えば、世界の八割が、略奪されたものであり、身分保障の外部にある。現代の政治空間を支配する者たちの盟主アメリカでも、五％の人間が七割の富を分け合い、九五％の人間が三割の富を、つまり貧困を分かち合っている。そしてわれわれは、いくら個人的生活環境は支配する側の内部では貧困でも、富める側、抑圧する側、殺す側なのだ。つまり、われわれは個人として何かを考え何かを言うことによって、外部から帝国主義者とみなされたり、連帯の相手とみなされたりするのではないのである。9・11以後の世界では、われわれはまず十杷一からげに二流帝国としてアメリカに従属する国家日本の公民であり、世界の八割の人々にとって報復の対象なのである。そして、それがいやならこの規定性を破るにはどうするのか、を重たくウザッタイ課題として背負い込まされているのである。

こういう状況の中で、八年も前に死んだ思想家が国民主義者であるかどうかなど、何ほどのことでもない。誰かがラディカル、誰かが穏健、誰かが敵対的、というようなことが問題になるのは、その主題に関して立場を表す思想が直接に規定力を持つ場面に限る。たとえば中野敏男と私が、どうすれば世界を変えうるかということを激しく議論し、妥当とされた見解に沿って現実の変革が動き出す、というような場面であれば、苛烈なイデオロギー的論難が価値を持つこともないとはいえないだろう。しかし、今日のような、いかに「ラディカル」な日本人も、日本人である限りにおいて、この世界を公共性のほうへと変革する原動力のありかからひとまず隔てられてしまっているような状況では、むしろ、考察対象（たとえば丸山）に烙印を押す前に、考察主体である自分と対象との関係およびその環境としての世界を洞察することのほうが先決ではないのか。

## 論じる側の自覚・自己内対話を

自分がこの「市民社会」（？）の一員であること、自分が「非国民」でも殺されないこと、植民地領有経験のある国家で、ポスト・コロニアリストが国立大学の教授でありうること、この先進国では「総力戦体制後の社会とポスト・コロニアルの文化」という国際共同研究プロジェクトに国費が投入されていること（中野前掲書、あとがき参照）、他方、アフガニスタンやイラクやパレスティナでは非国民でなくても、日々アメリカやイスラエルの軍隊やその手先に軽々と殺されてゆく人々があとを絶たないこと、われわれにはそういう政治構造を短期的にはどうすることもできないこと、目を向けることはまずそういう不条理なのではないか。謙虚であれなどというつもりはない。ただリアルであるために少しだけわれわれの言語空間の環境にペシミスティックであることが、変革の政治思想を論じる際の前提ではないかと、言いたいだけである。

日本は単一民族だといっているという点で批判されている丸山真男は、その点についてこう言っている。

「(民族的に同質な）日本だからこそ他者感覚が非常に大事だというのです。」「他者感覚のないところには人権の感覚も育ちにくい。」（『丸山真男集』十一巻一七五頁）

また、『自己内対話』ではこう書いている。

「自己内対話は、自分のきらいなものを自分の精神のなかに位置づけ、あたかもそれがすきであるかのような自分を想定し、その立場に立って自然的自我と対話することである。他在において認識するとはそういうことだ。」（二五二頁）

強者の普遍主義は他者不在だといわれる。だが、この程度の他者感覚は丸山の日常だった。保守主義者のあつかましい自己保全や、「革命派」の金切り声に比べれば遥かにましである。もちろん、認知可能な他者はもはや他者ではない。認知も理解も不可能だから他者なのだという反論は十分承知しているつもりである。そして、アメリカ帝国の制覇とは、そのような意味でのアンコントロールな他者を無自覚に産出してしまったことを意味する。だからこそ、アメリカ帝国の制覇は、近い将来の崩壊を意味するとも言われるのである。だが、それはそれとして、論じる側が論じられる対象よりも他者に鈍くては、近代主義も普遍主義も国民主義も総動員思想の啓蒙家もヘッタクレもあったものではないではないか。丸山真男論に限ったことではないが、論じる側の自己内対話と自己覚醒が不可欠だ。

ポスト・コロニアルの視点は、現代世界のいまを、中野流に言えば「割る」ために不可欠である。抑圧された特殊の最底辺・最少数に下りてゆく手続きは踏まれなくてはならない。だが、中野たちのような「ポスト・コロニアル」の立場は、いまを鋭利に「割る」ことはできても、それ自体の中に未来を構築する契機はない。それは割られる以前の世界に安住している者への苛烈な脅迫／強請の思想である。誰と明日を、あるいは明後日を共にするのか、という課題への思想的契機は、そこから直接は生み出されない。

往路としての特殊への分節の覚醒から、普遍への復路はどこに求められるのか。それは、一言で言えば公共性とは何か、いかにしてそれを実現するか、難関は何処にあるか、という〈公共性問題〉である。まさしく公共性問題として展開された丸山の政治空間論、民主主義論の達成が、星霜を超えてどれだけの有効性を持ちうるのか、それを検証するのが、二一世紀の丸山論の中心的課題ということだろう。無効なら、とりつかれたように、その犯罪性を論じることに情熱を傾けるまでもない。必要なのは、灰の中からダイヤモンドが掬い出せるかどうかを探ることである。だめならただ捨てればよいのだ。それだけのことである。

# 二、「時代の子」丸山真男の宿命――作為という価値の呪縛を生きる

## 丸山真男は「進歩的文化人」であったか

本当はただの自然現象に過ぎないのだろうが、丸山真男が「敗戦記念日」の八月十五日に死んだことは、いかにも意味深長に思える。理由は、いうまでもなく、丸山が戦後思想ないし戦後民主主義を、活性化し、価値あらしめるために牽引してきた人間の代表のひとりであるからだ。丸山真男は生涯、戦後民主主義思想を代弁する「進歩的文化人」と呼び習わされてきた。多くの場合、「進歩的文化人」の呼称は蔑称だった。蔑称としての「進歩的文化人」は「西欧（近代至上主義者」で「書斎派インテリ」であった。雑誌『世界』に依拠して、西欧近代の政治や学問の価値尺度を用いて日本社会を革新派のスタンスで批判し、保守政治や企業の論理を論難するが、自らは行動はしない、そういう眷属ということをそれは意味した。丸山への通俗的批判の仕方は、これがステレオタイプになっていた。この評言は杜撰でステレオタイプではあるけれども、全く

妥当性がない訳ではない。だからわたしもそのような蔑称で丸山真男を呼んだことが一度ならずあった。だがそれは、丸山真男が到達した地平を踏まえて超える作業のなかでのみ正当性をもちうる。こういう批判は丸山真男を貶め、彼の達成を台なしにするためになされてはならないと私は思う。また前世代の先行者に、歴史に後から立ち会うものが浴びせる傲慢な批判（＝昔の奴らってどうしてこんなに愚鈍だったんだろう！）であってはならない。まして歴史の偽造は許されない。

たとえば、佐伯啓思は丸山の『現代政治の思想と行動』所収の日本ファシズム批判に対して、「西欧市民社会という『先進性』の視点に身を置き、そこから日本の後進性を暴くという、巧妙な特権化が何のためらいもなく遂行され、この無条件の特権化を『戦後啓蒙』などと呼びならわしたのが戦後日本の思想であった。」（「丸山政治学と現代日本の課題」九六年『図書新聞』九月二一日号）と書いている。これは少なくとも最近の佐伯啓思の持論であるらしく、「座談会　近代の発見」（九三年『神奈川大学評論』）でも言及している。

また西部邁は、今日の日本には「自由なる主体意識」が大流行だが、そのもとを作ったのは丸山真男であり、それは丸山が「自由の根拠に眼をつむった人」であり、「西欧の正統から眼をそらした人」であって、西欧近代思想から合理主義だけを抜き出してきた丸山は、出来損ないの西洋主義であり、日本人はみな「薄められた丸山主義者」になってしまったと述べている。西部は、「人間がサブジェクト（主体）となるのは、西欧思想の正統（西部はそれをヴィーコ、バーク、トクヴィル、オルテガ、ハイデッガー、オークショットに見いだす）が見抜いたように、彼が歴史的な良識および秩序へのサブジェクト（臣民）となってみせるかぎりだった」ということを前提にしない立場は一切気に入らないのである（『新潮45』九六年一〇月号参照）。

だが、前記の佐伯の所説は、無意識でか自覚的にか丸山真男のファシズム研究のモチーフを没却した、後世からのつじつま合わせに過ぎない。たしかに『冷戦以後』の今」、「進歩主義の構図」（佐伯、前掲）は解体されなければなるまいが、それは佐伯の描き出す丸山像のポンチ絵の解体などとは縁もゆかりもない。余談だが、いくら戦後の進歩的文化人や革新勢力が下等物件だったとしても、自らの思想的営為を自賛しようとするときに、戦後啓蒙などという呼称で呼び習わしたりはしなかった筈である。少なくともこの筆者によって現在蔓延されているとされる「我が国の言論」の共有物としての「常識的進歩主義」に結びつく時期にまで、戦後啓蒙などという用語が生き延びていたとは到底考えられない。いったい丸山政治学の基本構造が何年頃に戦後啓蒙などという言葉で呼びならわされ、それが現代の言論の共有物になっているというのか。笑止千万である。よしんば丸山が進歩的文化人だったとして、またある時期の丸山が、その代表であったとして、五〇年余りを過ぎたいま、なお延々その思想が生きているから日本の後進性が日本社会の至るところであげつらわれているのだとする図式は、為にするデマゴギーの最たるものであろう。このような意味で丸山は「進歩的知識人」であったわけでは決してない。

西部邁の「自由なる主体意識」を宣揚する現代の日本人はみな「薄められた丸山主義者」だと

いう見立ても、期せずして佐伯の捏造する物語と相似形をなしている。私は丸山の弟子でも崇拝者でもないから、丸山が隅から隅まで偉大だったなどというつもりはない。だが、小沢一郎のいう「自己責任の原則」や鳩山由紀夫・邦夫のいう「自主的判断」が、「自由なる主体意識」を宣揚する「薄められた丸山主義者」の言説だとか、「世論」が責任を律するものだというのが丸山の思想だとかいうオハナシで、死んだ丸山や、生きている「大方の知識人諸君をはじめとする日本人諸君」が非難されるのは黙視しがたいのである。ちなみに一つだけ反証を挙げて置こう。

「学者宜しく世論の喧しきを憚らず、異端妄説の譏を恐るることなく、勇を振ひて我が思う所の説を吐く可し。」(『文明論之概略』)

丸山は、福沢諭吉の世論批判の先の一節を含む文章についてこう書いている。

「これは少数意見への『世論』の圧迫を身をもって受けた福沢自身の実感と、J・S・ミルの『多数による暴政』の説とが、ピタリと重なっているところです。」(『「文明論之概略」を読む』第二章)

丸山は現在の世論は学者にとって敵であることが多いが、そういう場合にも勇気をもって世論と戦えという福沢の説を、極めて強く肯定しながら解説しているのである。これをさしてどうして西部は次のように言えたのか。

「西欧の少なからぬ思想家には恐怖すべきものと映ったこの技術＝大衆社会の光景、そして現在の西欧社会の光景に少々とはいえ余韻を残している反技術＝反大衆というこの思想、丸山はこうしたものに無知であったとしかいいようがない。」

笑わせる議論ではないか。西部は丸山の世論批判も、その媒介となる福沢の世論批判も読者は読んでいないと決め込んでいるのだ。なめてはいけない。

## 軍国主義批判＝自然に対する「作為」の優位

丸山は西欧市民社会を背負って日本人にすごんで見せたかったのでもなければ、世論を味方にして大衆社会のイデオローグになりたかった訳でもない。丸山の学問的出発と思想の方法には、こうした見下げ果てた為にする誹謗のために捏造された動機とは別の動機が存在する。丸山の第一論文（「政治学における国家の概念」）のモティーフは政治的にはイタリア、ドイツのファシズム批判を借りた日本の軍国主義批判であった。思想的には、丸山の学生時代に台頭してきた「非合理主義、神秘主義、生命主義」への批判である。この論文は学生時代の一九三六年に書かれたもので、彼は非合理主義が求める「捉われない自己」は、「外的な形象に対する蔑視」を生み、「自己と形象との結びつきを実に安易軽直ならしめる」と批判した。こうした態度から生まれるものは「行動の極度の浮動性であり無原理性である」と述べる丸山は、その典型の悲劇を「最も熱烈な革命家から出発して遂にアクション・フランセーズの代弁者に終わったソレル」に見る。

だが、宮村治雄が的確に指摘（「ある情景」『図書』九六年一〇月号）するように、丸山は決して単純に合理主義・「近代的思惟」にくみしていた訳ではない。

「静止的・合理的な近代的思惟様式は現存社会の歴史的推移に重点を置く無産層の代表者にも、現存社会の非合理的な美化を要求する市民層のスポークスマンにも最早担ひ手を見出しえない。それは必然的に『無力』となる。」(丸山、同)と二十二歳の丸山は書いている。丸山は軍国主義機運の充満する日本の状況を見つめながら、これとの社会科学を通した対決、あるいは思想的反撃の指針を構想していたに違いない。彼自身が公言しているように、丸山が終生思想的な敵手の一つとして「ファシズム」を念頭に置き続けたことはよく知られているが、その淵源はすでにここに発している。唯物論研究会の集まりに出たという程度のことではあれ、すでに被逮捕歴のあった丸山のモティーフが、若くして決まっていたと考えるのは決して不自然ではない。

宮村治雄は前掲のエッセーで、全共闘の学生に向かって丸山が投げかけた「人生は形式です!」という発言の背後にあるものを、その後の丸山の発言(「『そして文化は形式だ』というべきだった、とっさのことでそういえなかったのが残念だ」)と、この三六年の論文を素材に分析している。そして『戦中と戦後の間』の付記に、これを収録した理由は、「どういう考え方を『所与』として、私が研究生活に入ったかを示すため」だと丸山が書いていることを指摘している。「形式」への偏奇は、形式なき人生、形式なき文化が無残な帰結を避けられないという判断に結びついているのである。丸山は文末に「個人主義的国家観」と「中世的団体主義」と「ファシズム」に批判を加えつつ、次のように意味深長な一文を記している。

「個人は国家を媒介としてのみ具体的定立をえつつ、しかも絶えず国家に対して否定的独立を保持するごとき関係に立たねばならぬ。（中略）そこに弁証法的な全体主義を今日の全体主義から区別する必要が生まれてくる。」（丸山、前掲書）

この地点から、『日本政治思想史研究』の最大のモティーフである自然と作為までは半歩の距離にある。形式とは規範であり、規範は人為であり作為であって、自然に属さない。周知のように、『日本政治思想史研究』の中心は、荻生徂徠の儒学成立の意義の分析である。丸山は同書の一章二章を通じて、徂徠が徳川時代初期の朱子学における「自然法則と道徳規範、物理と道理、自然と当然とを、それぞれ後者の優位のうちに連続的に捉える視角」（都築勉『戦後日本の知識人』）から脱却して、政治的思惟を道学的制約とその背景をなす儒教的自然法思想から解放したことを、政治の発見、人間の発見として高く評価する。自然ではなく人間の自覚的な作為による規範の創出こそが政治の根幹でなくてはならない、これが、この研究を通して確立された丸山の立場であった。丸山はいう。

「自然的秩序の完全な克服には、自らの背後にはなんらの規範を前提にせずに逆に規範を作り出しこれにはじめて妥当性を賦与する人格を思惟の出発点に置くよりほかはない。」（同書）

この作業をなしとげたのが徂徠であるとして、丸山は徂徠をマキャヴェリに類比する。丸山は徂徠の革新性などに関心を寄せたのではない。むしろ幕藩体制の危機を乗り越えるべく反動的政策を提唱した徂徠のなかに、政治の発見ないし政治思想への自然法則（天）による拘束からの解放の契機を読み取ったのである。丸山は、徂徠の「タトヒ道理ニハハヅレ人ニ笑ハルベキ事也共、民ヲ安ンズベキ事ナラバ、イカヤウノ事ニテモ行ン」とする『太平策』の立場を、ホッブスの「真理ではなくして権威が法を作る」に重ねる。(都築、前掲書五〇頁以下参照)

言うまでもなく、荻生徂徠の「作為」もホッブスの「作為」も、直接には丸山が指針としたような近代政治や近代法の理念を導くものではない。彼は、人為が自然の理を超えるものとして把握されるべきものとされたことの思想史的意義を重視するのだ。しかし、考察はそこに止まらない。丸山は、荻生徂徠以後の「作為」の制約が上からの制度的改革の枠組みを破ることがなかったことを指摘し、

「云い換えれば、そこには『人作説』(社会契約説)への進展が全く欠如してゐたのである」(同書二章)と書く。そしてその原因を江戸時代末期の産業資本の未発達に求めている。これもまた丸山の「遅れ」理論と佐伯なら言うところだろう。だが問題は欧米に対する遅れをいいたいとかいう次元のことではない。自分に政治的抑圧を加えてくるものを力あらしめている原因の究明の過程で、そうとでもいうしかない事態に直面したというに過ぎまい。

「人作説」へのこだわり、すなわち「下から」の「作為」へのこだわりを明確に言語化する媒介となったのは福沢諭吉との出会いであろう。後世『「文明論之概略」を読む』に結実する福沢諭吉研究における、〈惑溺〉批判への共感も、この時期すでに芽生えていたものであることを丸山は、同書のなかで語っている。惑溺に快感を覚える流儀と、自然と一体化して人間の政治を自覚しな

い精神とは、丸山にとって、全体主義の契機以外のものとは考えられなかったのであろう。（丸山はすでに四二年に「福沢諭吉の儒教批判」、四三年に「福沢における秩序と人間」を書いているし、四四年の「国民主義の『前期的』形成」にも福沢の儒教批判に関する言及がある。）

筆者はここに「時代の子」丸山の宿命とでもいうべきものを見る。忍び寄る全体主義への強い違和感の根底にある思想なり方法なりを、弾圧を超えて学問的業績のなかに結実させたい、これが日本近代に生きることを強いられた丸山の、社会科学者として避けて通ることのできなかった「所与」にほかならない。

佐伯啓思が指摘しているように、ドイツのナチズムと日本の近代天皇制の危機的存在様式の間にはかなりの懸隔があり、一括してファシズムと呼ぶのには問題があるかもしれない。しかしそんなことは事新しく言われるまでもなく、既に指摘されて来たことに過ぎない。たとえば高畠通敏は、日本近代の政治権力のありかたを、第二次世界大戦後に続出したアジア・アフリカなど非ヨーロッパ世界の開発独裁型政治権力の先駆と捕らえる見解を述べていた。だがこれも、帝国主義段階に到達したのは（植民地を領有したのは）日本だけであって、こういうふうに一括することにも別の問題が出て来てしまう。ファシズムとして一括することに疑問を感じないことには問題があり、検証の必要があることは言をまたないけれども、それを理由に丸山の日本社会研究がすべて解体の対象であるかのごとく語ることには何の根拠も存在しないのではあるまいか。まして、それが、「巧妙な特権化」によって作られた破廉恥な理論だというのは、歴史への無知であるか、ためにするデマゴギーの謗りを免れない。西部は一九三〇年代末、佐伯は一九四〇年代前半に生まれた戦後派で、丸山がどういう時代を生きて来たかなどということは百も承知の人間である。ということは、賛否はとりあえず措くとして、丸山の生きた状況の中での、明確なモティーフは、少なくとも理解可能である筈だ。この手の人間がカマトトぶって、丸山の学問的モティーフを隠蔽する手口は卑劣極まるものだ。現在思想的に同意しかねるというだけでなく、思想史的にも無価値なことをしたのだと主張するのなら、それはそれで首尾一貫性がある。果たして佐伯に、軍国主義を支えた権力の思想や民衆の思想の批判の作業はすべて無価値で、「戦後啓蒙」の特権性だかなんだか知らぬが、戦後は戦前戦中の日本に比して劣等だったと断言する勇気があるのだろうか。西部にしても、幻想の長期の持続によって実体化した大日本帝国にこそ価値があり、そこでの思想状況や思想史の批判の作業は無価値であったとまで言える自信があるのであろうか。今日の立場から気に入らぬ思想なり方法なりが、過去においても金輪際無価値であったとする、今を絶対化する裁断は、立場の如何を超えて許されざる態度ではあるまいか。こういう手口を使えば歴史に後から立ち会ったものは、ニュートンをもアインシュタインをも愚鈍呼ばわりすることが可能である。しかしそれは空しいのではないか。

## 「ファシズム」批判と主体性論争への視座

三六年に既に見いだされ、『日本政治思想史研究』に結実した自然に対する「作為」の優位、「惑溺」する精神への批判というモティーフは、戦後の言論の「解放」とともに、『現代政治の思想と行動』の初期論文に結実する。このコンテクストで読めば、重点が日本社会の精神構造の固有性の分析に置かれ、均整の取れたファシズム論や全体主義政治論になっていないことの理由は、佐伯のいうような、西欧＝先進という自明性にのったものでも、権威を高めるための奸智でもないことは明らかである。

「超国家主義の論理と心理」などの論文が解き明かした日本の全体主義の構造分析は、「当時、誰にも『思い当たるふし』があった」（中野敏男、『図書新聞』九六年九月二一日号）と偉そうに言えるような凡庸なものとは私は考えない。これも今のものさしで見れば、さほど新鮮な分析とは言えないかもしれないが、「回顧の次元」（鶴見俊輔）でなく、「期待の次元」（同）に戦後社会を置いた人間にとって、「思い当たる」のは、自覚的作為から程遠い個人個人の全体主義経験であり、そこに閉じ込められて来た苦々しい記憶に過ぎまい。これに「抑圧の移譲」とか「無責任の体系」とか、分節して性格づけた丸山の分析の手法は青天の霹靂であったはずだ。

丸山は、ここでも自覚的作為に価値を置く、という「政治学における国家の概念」以来の姿勢を貫いている。その結果、ナチズムの論理を日本軍国主義の論理の上位に置くという評価が生まれる。この有名な、いささか評判の悪い分析に対しては全体主義の大量殺人と大量動員に上下の価値があるのか、という半畳が入るところである。だが丸山の方法に基づけば、自己のなした犯罪に確信犯としてかかわりの持てるナチス幹部は、「天壌無窮の皇運を扶翼」することに「惑溺」して、自身の責任を自覚し得ない東条英機以下の日本人政治家の意識状況に比べてまぎれもなく上位に位置付けられる必然性があった。また、社会契約説の契機を持たず、「産業資本の成熟度」におくれがあったとされる日本の、「上から」形成された日本の「ファシズム」は、——おそらく本来ファシズムの名に適合しないものであろうが、——「人作」の契機に欠けるものであり、ナチスの全体主義こそが「下からの」、従って本来のファシズムの名に値するファシズムだ、という評価を与えられることにもなったのである。たしかに、こういうこだわりにさほどの意義があるとは私も考えない。だが「作為」と「人作」つまり、自覚的な「下からの」政治にこれほどこだわらねばならなかった、「時代の子」としての宿命をそこに見いだすことはさほど困難ではないし、それを致命的瑕瑾であるかのごとくに言い募る論者たちの意図を筆者は図りかねている。

## 科学と価値・自由と歴史的拘束

一九四六年、丸山は次のように書いた。

「日本軍国主義に終止符が打たれた八・十五の日はまた同時に、超国家主義の全体系の基盤たる国体がその絶対性を喪失し今や始めて自由なる主体となった日本国民にその運命を委ねた日でもあったのである。」（「超国家主義の論理と心理」）

保守主義者からは、八・一五は抑圧の終わりではない、占領という新しい抑圧の始まりだ、というような異論の出る言説である。江藤淳が近代文学同人に浴びせたのもそういう性格の反問であった。佐藤誠三郎の「丸山真男論」（『中央公論』九六年一二月号）には現に国体の神聖を信じていた多くの日本国民がにわかに自由なる主体になれるわけがないし、連合国の占領下に「自由なる主体」が存立できる訳がないではないかという指摘がある。だがこれに対しては、加藤周一が占領や、占領軍による新憲法の「おしつけ」は、占領軍が日本の支配階級に、民衆を解放する政策をおしつけたのであるから、占領には自由なる主体を作り出した側面があり、大多数の日本人はそれを解放と受け止めたのだと指摘している（九四年三月二四日『朝日新聞』、『情況』九六年一～二月号拙稿参照）。この件については従って、とりあえず解決済みとわたしは考える。

しかし、戦争への動員体制を解かれた丸山にとって、「作為」の優位の確立というモティーフは、かれのスタンスに二つの亀裂を生み出した。ひとつは科学的（といってもそれは、観察者が観察対象の外部に、安定的な位置を保持できるという前提のうえに立った一九世紀的な素朴な実証主義であるが）立場についてのアンビバレンス、もうひとつは、個人の自由の限界に関する見解についてのアンビバレンスである。

丸山は、ウェーバーの思想圏にいた。ウェーバーは『職業としての学問』に学問の宿命について述べている。

「学問上の『達成』はつねに新しい『問題提出』を意味する。それは他の仕事によって『打ち破られ』、時代遅れとなることをみずから欲するのである。……事実上終わりというものをもたず、またもつことのできないような事柄に、人はなぜ従事するのであろうか。」

おそらくウェーバーにとってと同様、丸山にとっても答えは簡単だっただろう。歴史の「進歩」への加担の倫理とでもいうべきものが彼を突き動かしていたに違いない。そういう意味で丸山は「進歩」主義者だったのではあるまいか。ところで丸山の場合の「作為」とは「自然」の対語であるから、「作為」の側の優位に与するということは、自然と、作為の主体を明確に区分し、主体は観察者として自然の外部に、自然を対象とする「自由なる主体」の側に立つことができるという立場を選択することに通じる。「合理」主義者であろうとすれば、自ずからそういうところに帰結する。

だがかれは、そういうレヴェルの合理主義、科学主義、客観主義にはいささか懐疑的であった。丸山にとって「作為」の優位はまた「人間の発見」であり、「政治の発見」でもあったからである。自然科学についてはともかくも、人間を対象とする認識に関しては、いわば立場を問う眼の確立を不可欠とする問題意識が丸山には強かった。

それゆえ一九四七年からしばらく続いた主体性論争において、丸山は主体性重視の立場をとった。つまり科学にたいする価値の重視、という立場を堅持した。これは「合理によって人々を啓蒙するという姿勢を逞しくしたと思われやすい」と西部邁などが思い描く、ルソー、マルクス、ミル、ウェーバーなどを意中の人とする合理主義者、という丸山像とはなじまない。それは必ずしも意中のひとびとが啓蒙的合理主義者でないからというより、そもそも丸山本人が、一九世紀自然科学の信じた客観の絶対性を信じた人物ではなかったからにほかならない。

丸山の主体性論争への関与のありかたについての詳細は、拙稿「主体性論争と戦後マルクス主義」(『戦後日本占領と戦後改革』「3、戦後思想と社会意識」岩波書店刊、所収)を参照していただくとして、ここでは丸山が論争参加者中もっとも戦争責任論に深い関心を示したということに関する拙稿からの引用(引用のなかに引用されている丸山の発言は、座談会「唯物史観と主体性」『世界』四八年二月号、『現代日本思想体系』34「近代主義」所収からのものである)にとどめたい。

「そのことに最もつよい関心を示しつつ論争に参加していたのは丸山真男であろう。『現代日本の思想と行動』の戦争期の政治思想分析を貫いているのは〈無責任の体系〉への批判のモティーフである。丸山において『主体性』の欠如とは、まさに日本人の無責任を必然化させる契機として意識されていた。だからこそ丸山は『現在の人民の意志をそのまま模範的に反映するような組織をつくっても』それではかたつかないし、現に『ナチスも大衆の不満を足場にして権力をとった』として、イデアールなもの、『価値的に他の存在から区別されているものとしての人間的本質』を解明することの不可避性を説いたのである。(中略)戦後の一挙的に反転する状況のなかで、天皇制国家に翼賛したのと全く同一の思考の型で革命運動への加担がなされてゆく可能性が憂慮され、そうなるとすれば、それもまた精神の荒廃にほかならないという丸山の配慮が、論争における彼の主張には窺える。丸山は『価値観はただ存在を反映することからは出て来ない』『目的を設定するという行為は存在から流出して来ないと思う』といい、『それを「科学」とか「歴史」とか、客体的なものの中に解消させてしまうような客観主義の偏りの方が（西田哲学や田辺哲学の流行より）危険だと僕は思う。』（中略）と主張する。革命の思想としてのマルクス主義もまた、それへの自己言及的思惟なくしては、『真理』という名の硬直した教条に過ぎなくなることを丸山は危惧したのである。（中略）丸山のスタンスは、科学と世界観の空隙をマルクス主義で埋めることを課題とした梅本（克己）に酷似する。」

## 機械的合理主義への距離

梅本克己の問題意識がマルクス主義者としての立場を固定した上での極めて倫理主義的なものだったのに対して、丸山の場合は、マルクス主義との間にも空隙があった。丸山の科学と価値の関係についての認識での揺れに対応するのは、歴史における自己（個人）の問題である。丸山は、渓内謙が『歴史を学ぶ』（岩波新書）で整理して見せた「一九世紀」的な歴史進歩の像が解体したのちに生まれる「二〇世紀」的歴史観への予感を四〇年代末期に既に感じていたに違いない。渓内がいっているのは、第一に、一九世紀的歴史認識は、一九世紀自然科学と同様、「事実における客観性」の唯一性への確信であり、二〇世紀にそれが解体されて、「関係の客観性」、つまり史料という人間の主観によって記述されたものを媒介に事実に接近するしかないものだ、ということへの自覚に到達したということである。第二に、歴史の観察者である歴史家は、歴史の外部に立つ存在ではなく、歴史家自身が観察の対象としての事実の一部、関係の一部を構成しているということの自覚である。渓内は、一九世紀と二〇世紀というふうに二分法で整理しているが、実は、もう少し屈折していて、一九世紀的科学主義・進歩主義は、ロシア革命によって、むしろ一時的には飛躍的に異質の性格の必然論（史的唯物論）へと転換しつつ強化され、五〇年代までむしろ一層そういう認識が強められて行き、以後しだいに関係主義的認識に席を譲っていって、ベルリンの壁の崩壊を通して一旦完全崩壊する、という経過を辿った、と見るのが妥当だろう。

丸山が科学理論や歴史理論を形成しつつあった時代は、前者から後者への転換の時代だった。三六年の論文の末尾の文章を意味深長だと先刻記したのも、弁証法的な全体主義という記述に丸山がたぶん特別の意味を隠語的にこめていたに違いないと考えるからである。戦後丸山は、マルクス主義が生み出すであろうと当時予測されていた政治的現実への必然性と正当性を意識しつつ、認識の問題や政治倫理の問題としてはこれに抵抗して独自の立場を保持するという二面作戦をとった。拙稿からの長い引用は科学と価値の問題についての丸山の立場であると同時に、当然ながらそれは歴史認識のありかたについてのスタンスでもあったという事ができる。

主体性論争において、主観客観図式への丸山的な相対化ないし解体の認識をもっとも強く抱いていたのは、現代物理学の観測者問題と直面していた渡辺慧だった。かれは清水幾太郎主宰の二〇世紀研究所の紀要『唯物史観研究』Ⅱの座談会「主体性・主体的立場」のなかで、強くそれを指摘した（詳細は前掲、拙稿参照）。二〇世紀自然科学における認識者と認識の関係についての渡辺慧の危機意識と丸山の歴史科学や社会科学への危機意識とはパラレルの関係にあるといえよう。

ちなみに清水幾太郎と宮城音弥は、丸山や渡辺の指摘に対して否定的態度をとった。かれらはマルクス主義者松村一人とともに、客観性は観察者の外部に事実として存在すると主張した。これは丸山の「作為」重視のモチーフと重ねて考えると、互いに外部のものとしての人間と自然の二元論を徹底させたという意味では、「作為」重視の合理主義的徹底ということができる。しかし、これは「作為」と作為される対象との機械的二元論であり、へたをすると、観測結果として獲得される客観性の絶対化に道を開くことになる。このすさまじいばかりの人間中心主義は皮肉にも、作為の主体と二分した客体としての自然への帰依を意味し、新たな科学主義的自然観への回帰につながる。それは丸山の意図した「作為」の重視、人間の発見、政治の発見というモチーフを台なしにする一種の独我論（であるがゆえの機械的二元論、あるいは自然至上主義的客観主義）に陥る。丸山はこの点については首尾一貫して警戒的であり、また、歴史の規定性や文化の拘束についてもつねに自覚的であった。これらを無視した「合理主義」に丸山が与したという西部邁の非難は完全に的外れである。

## 大衆が正義？

佐藤誠三郎は同じ右翼ないし保守派であっても――随所（戦後史における冷戦の帰趨とか）に歴史にあとから立ち会って先行者の認識不足をあげつらう傲慢と、丸山のイデオロギー的偏向を自己の偏向（共産主義の軍事力の脅威、日米安保の効用など）に照合して非難する手つきが散見されるが――、かなり丸山のコンテクストに即した批判を展開している（「丸山真男論」『中央公論』九六年一二月号）。佐藤は、丸山がルソーよりもトックヴィルにひかれていた側面もあることなどを引きながら、文化や言語の拘束性、人間が生きている時代の拘束性抜きに人間が自由なる主体ではありえないことをよく知っていたことを指摘している。だがそれを知りながら丸山は、自己の立場を定めるに際してその認識を生かさなかったと佐藤は批判するのである。

とりわけ佐藤が拘泥するのは丸山の戦後の民主主義の制度的定着の度合いの見積もり方が「低すぎた」ことである。高いと見積もれば保守に立ち、低いと見積もれば革新の側にたって変革の運動をすることになる。これは見やすい道理だ。丸山は全共闘運動の学生を教授として弾圧する立場（個人的には封鎖の被害者、被糾弾者）に立ったが、確かに政府の側、保守の側には身を寄せなかった。佐藤誠三郎は左翼から保守・右翼へと転換している。丸山が制度のレヴェルでの日本の民主主義に批判を加え始めたころ、左翼であった佐藤は一体どうかんがえていたのか、聞いてみたいところだがそれはひとまず措くとしよう。佐藤は「政府が悪くて民衆がよいということを前提にしないあらゆる政治形態は不正である」というトマス・ペインの言葉に依拠して立論する丸山（ここで引用されているのは「民主主義の歴史的背景」、言及されているのは「ある自由主義者への手紙」）を批判する。トマス・ペインがそういったのはアメリカがまだイギリスの植民地支配下にあったときのことだと佐藤はいう。また、『民衆がよい』という判断は、いったい、だれがどういう資格で行うのであろうか。要するに、このような判断は、国民から代表として選ばれた人々による決定に委ねざるをえないのである」とし、丸山は政治の世界において高度のプラグマティストでありたいと言っているけれども、実際の丸山の態度は直接民主制幻想にとらわれたアナーキスト的なものだとするのである。

たしかに丸山の態度はその理論と乖離した側面を随所にのぞかせているといえなくはない。六〇年までの丸山は、ペシミスティックなことを時折漏らしながらも、歴史の進歩への信頼を論理的基盤として、革新の一翼として左翼勢力に加担するというスタンスを崩さなかった。佐藤とそれは好対照である。丸山がプラグマティストでありたいと言った意味は、徂徠が「上から」民のためになることなら「正しく」なくてもやるべきだと考えたことと対比される。つまり認識としては多少問題があっても、妥当性の高い判断をなし得る自由なる主体としての民衆の共同的な想像力を「下から」形成する「作為」を生み出すことこそが喫緊の課題だと認識し、その課題に答えることを丸山はかれのプラクティスの主題に据えたのではなかったろうか。それが戦後世界における丸山の政治の発見だったのだと私は考える。

誤解を恐れずに言えば、丸山はそういう仮説の中にいる限りにおいて、一種の左翼主義としての「作為」に賭けることを恐れなかったのであろう。認識レヴェルでの違和は措いて、硬直した近代主義、合理主義、進歩主義の戦線との同盟もかれは辞さなかった。エピゴーネンとも異同をさして争わなかった。佐藤誠三郎ふうに言えば、丸山は丸山主義者ではなかったが、丸山主義者とも、その他の左翼主義者とも、進歩主義合理主義の信奉者とも同盟した。それが実践家としての丸山、全面講和提唱から六〇年安保闘争までの丸山の一面だったといえる。彼は何を実践しようとしたのか。それは、文明が高度化しても、スピリチュアリティ、とりわけ政治的想像力においては、「作為」の側にでなく「自然」のなかに未だまどろむ日本社会の関係の根本的な転倒に寄与する政治的実践ということであろう。

## 「別の時代」の子である我々と丸山

これは書斎派丸山の通念と乖離する。しかし、鶴見俊輔が指摘するように、思想の科学研究会発足に際して、もっとも運動的なイメージを提出して民間アカデミズムの組織化を提唱したのは鶴見ではなくて丸山だった（本書、三参照）。所詮インテリ政治の次元のこととはいえ、いやそうであればなおさらのこと、アカデミズムの枠を超えて政治的な変革に向けて行動しようとした丸山が出現しても、別に不思議なことではない。現実へのコミットは方法としての作為の優位の戦後史的な現れのかたちにほかならなかったのである。

一九六四年『現代政治の思想と行動』増補版を出すに当たって、丸山が虚妄としての戦後に賭けると書いたことは有名である。その言やよし、だが、これを機にかれは虚妄としての戦後（革命）に賭ける運動の現場からは遠ざかった。それどころか、全共闘運動との軋轢を通して、丸山は既存の秩序の奥に隠遁してゆくことになる。あれは一体何だったのか。全共闘運動の担い手だった人々からは異論が出るだろうが、西欧中期近代をモデルにしたフィクションとしての近代を指標に学問と思想を形成した丸山と、後期近代（近代主義的近代否定）の思想の担い手の近親憎悪的対立、今日の目で見るとそういえるように筆者は考える。詳述するゆとりがないが、あれは近代の枠組み内部での対立だったことを明確にしないと、「別の時代」の子としての課題の発見から自らを遠のけてしまうのではないか、という自戒が最近とみに強まっている。

反面、先述の宮村治雄のエッセーに対しては、単に当時の「粉砕」派の学生を記憶の中の嫌悪の対象とするのでなく、歴史の問題として何が問われ、何を巡って抗争があったのかへの問いにプライオリティをあたえてほしいと考える。一人一人は粗野な「暴力学生」であったとしても、彼らが丸山と闘わねばならなかったモチーフは、我々のものでもあることをないがしろにしてはならないと思うからだ。当時自主講座運動を展開して丸山とも闘った折原浩が、退任まじかに東大内部のポストモダン派や西部邁と闘うに際して、あたかも六九年の丸山のように保守的な位置で応答していたことに、私はある種の感慨を禁じ得ない。折原は転向した訳でもなんでもなく、時代の子として後期近代のパラダイムを担い切ることによって、六九年に造反教官であり、九〇年代に知的保守に与するしかなくなったのではあるまいか。それは丸山が辿った軌跡と対比的かつ類比的に検証すべき問題を内包しているのではないか。そしてそこを解くことができたとき、魯迅にもサイードにもなれなかった彼らや、なれない我々にハイブリッドへの通路が開かれるのではないか。

# 三、擁護しなければ葬送もできない——丸山真男の追悼のされ方

## 運動家！ 丸山真男

東大闘争での「こんなことはナチスもやらなかった」という丸山真男の発言に対する強い違和感などもあって、ながらく肯定的な評価をあまりしないできた自分にとってはおかしな役回りだと考えながら、しかし、多くの丸山非難言説に反対して、擁護の立場に立たねばならない。それが追悼論調とその周辺の言説に対する私の基本姿勢である。冒頭から引用が長くなって恐縮だが、かつて一九八三年に鶴見俊輔が筆者の問いに対して語ってくれた「思想の科学」草創期の丸山真男に関するコメントを紹介したい。

「丸山さんは戦争中に一つの仕事を完成させた人ですね。『日本政治思想史研究』ですけれども、あそこで日本の伝統といまの日本のヨーロッパ近代から受け継いだ学問が結びついていくということに関心を持っていた。大体日本以外の、ヨーロッパ、アメリカの学問をまず学習して、日本

のことは全部素材にして扱うという考え方と対立する姿勢を持っていたでしょう。この丸山さんの姿勢は、三十八年たったいまでも新鮮です。それは十分受け継がれているとはいえません。その意味で丸山さんは、日本の学問に対して不満を持っていた、と同時に、はっきりした形をあらわしてくる『思想の科学』というものに対しても不満を持っていた。そこのところ、丸山さんの態度というのが常に留保つきで、いつも限定つきで二重なんです。」

「『思想の科学』がはじまって二年半くらいたったときだと思います。私のおやじが用意した下部構造の上に立って雑誌をやるというのでは、売れなくなってだめになったんです。私はすごく困って、丸山さんに相談にいったことがあるんです。そうしたら丸山さんは、意外なことをいうんだ。全国に支部をつくって運動をやったらいい、と。いまから考えてもどうしてそんな提案があったか不思議なくらいです。丸山さんの性格から考えて、よくもあんなことを言うもんだなあ、と。私はそんなこと考えて見たこともなかった。ところが丸山さんは全然違って、市民的な団体の構想を持て、と。」

「自主刊行というときがきまして、丸山さんがいったことは実際、いまは実現しているわけです。だけど、自主刊行で売るというのはたいへんなことなんです。商業にこだわりますからね。今度はまた、丸山さんの本意とはおよそ離れちゃって、大衆化し、通俗化し、よくないというわけです。丸山さんとの対談でこっぴどくやっつけられました。」

「(丸山さんには) 市民のアカデミーという考え方があるんです。つまり、大学というものが結局、ある意味で天皇の臣民の大学でしょう。そういうことを丸山さんは、戦前、戦中からわかっているわけです。それとは別のものという考え方が常に丸山さんの中に理想としてはあったんでしょう。だから、自分たちが金を稼いできて、自分たちでやる。ただし、学問に対する愛着と理想を持って、学問のルールを守ってやる。学問のルールも何もなくてワーワー気勢をあげてというのが嫌いなんだ。そういうふうになっているから『思想の科学』はけしからぬというわけなんだ。それじゃあ本来の学問は大学でできるかというと、丸山さんはそう思ってはいない。だから、もともとの提案もまた、私なんか思ってもいないときに丸山さんはしたんです。」(未発表、おそらくは永久にこのかたちでは発表されることのない、『ある方法の起源』という名で公表されるはずだった語りおろしの書の草稿)

この話の原型に近いことをインタヴュー「自分史と思想の間」(『第三文明』七九年六月)の折りに聞いたと記憶しているが、学問を市民の運動にしようという構想において、丸山真男が鶴見俊輔よりはるかに早い思想史上の先覚者だったということを、鶴見俊輔の口から確かめられたことは貴重な史料になると思う。もちろん、丸山真男が構想した学問の運動がどのような質のものであったか、それが丸山真男のそれ以後の歩みとどうかかわっているか、は別個に検証を要する。だが少なくとも、遠吠え的な丸山真男=「書斎派」というレッテルと実像との乖離の証明には足りるであろう。

また「西欧主義者」として「自己特権化」を図って来た「進歩主義」「戦後啓蒙」の権化という図柄を描いて、実は自己を特権化してみせる佐伯啓思（『図書新聞』九六年九月二一日号参照）のような手合いに欺かれないための一石としても大いに有効であろう。

## 後から出てくる対丸山ケチツケの知恵

鶴見の評価と正面から対立して、たとえば河上倫逸はこんなことを書いている。

「私は、丸山教授を、思想と実践を厳しく峻別した人で、派生文化を背景とする輸入学問の風土に特有の『講壇の権威性』というものを疑わなかったという意味で、『一般のリベラル？』なイメージに対して、実は極めて保守的な態度を堅持し続けた大学人だと思っている。（中略）いわば『イデアリスムスの極』にいたのが丸山教授だったと言える。現実社会や歴史的帰結から『自由』な『思想の可能性』を、氏は説いたはずである。」（『図式主義』、あるいは『近代主義』のアンビバレントな可能性」『未来』九六年一〇月号）

はずとはどういうことだろう。彼はこれに先立つ文脈の中で、丸山は論壇人でも運動家でもなかったから、その次元でどういう態度をとったかはどうでもいいというのが自分の立場だといい、吉本隆明の丸山批判を黙殺したことも、全共闘運動に示した（侮蔑と嫌悪の）態度も「何ほどかのことを意味するとは思えない」と言い切っている。「アカデミックな研究」の成果だけで価値判断するということらしい。趣味としてそう考えるぞというのなら受け入れるしかない。しかし、こういう一種の予断に価値判断をかれは込めているのだ。その上で、先程の断定である。そして断定のあとが「はず」である。それについて何のコメントもない。そう考えるから考えるのだといっているだけである。これでは、事実に反する（保守派の論客として今や高名な、かつての丸山真男の弟子、佐藤誠三郎が、教室や研究室での丸山真男の態度がいかに権威主義から遠かったか、『中央公論』九六年一〇月号の「丸山真男論」に書いているが）という批判を加えても、一向にかれは動じないだろう。ちょうど事実と違うことは百も承知（理由の一端は二章参照）で佐伯啓思が都合のよい思い込みに凝固して憚らないのとパラレルである。

また河上は「市民たる丸山真男氏の言説・行動は、やはり『過去の時代の枠組』の中で評価されるべき事柄であって、」（同）と書いているのだが、マックス・ウェーバーが『職業としての学問』で述べているように、後世の研究に追い越され「過去の時代の枠組」のなかで検証されてしまう終わりのない営みであることを覚悟してこそ学問研究の意義を研究者は自覚できるのであって、河上のような、学問研究は時代の枠組みから自由だというような区分は意味をなさない。こういう意味をなさないところで丸山真男を区分して捕らえようとした河上は、自分の言説によって見事に破綻に追い込まれる。ないし歴史意識の不在を自己暴露する。河上は書く。

「『丸山真男の思想』が学問的研究と評価の対象となるとするのであれば、その際、最大の評価の分かれ目となるのは、『思想のアンビバレントな可能性』を説きながら、現実の歴史の中には存在していないような、少なくともなお実証されていないような、『図式』としての『西欧近代』を『現代』の基準として、そのいわば『架空』の観点から、氏が日本の近代とその思想を分析し、評価したという点であろう。」（同）

河上が一九四〇～四五年の日本で政治学者になっていたとして、あなたなら何を「『現代』の基準として」日本思想の分析や評価をしたのか、と聞いて見たいところだ。批判するとすれば、何を基準にするのか、評価するとすればそれは何故か、何を基準としてか。またこうも尋ねたい。基準が西欧近代から導かれたのがいけないのか、架空なのがいけないのか。「思想のアンビバレントな可能性」（「思想史の考え方について」武田清子編『思想史の方法と対象』所収）に注目することと、そういう基準を丸山真男が用いたこととが、どれほど決定的に違背するのか、聞かせてもらいたいものだと。

「超国家主義の論理と心理」をはじめとする『現代日本の思想と行動』所収の論文を構想し、執筆した時期、とりわけその初期に当たる四〇年代前半から中半、思想・学問の環境がどのようなものであったかについて、河上は（佐伯も西部邁もそうだということについては二章参照）無知であるか、読者の無知無関心ないし河上への同調の期待から、無知を演技しているかのいずれかであろう。伝統とか、ノモスとか一般論としてはたしかに決して全面的否定の対象にしてはまずい事柄を、そのようなものとして取り扱うことが不可能な、神懸かり的国粋主義の跋扈に対する対抗理論・対抗思想として丸山の学問は形成されて行ったのである。自然と作為の二分法とは、一般的な民族固有の伝統と近代啓蒙主義の対立ではない。戦時下天皇制イデオロギーに埋没するか、そこからの自由を確保する方法的拠点を築くのかの試金石だったのである。架空の西欧近代は、一つの理念型であって、――もちろんそれで全てが解ける打ち出の小槌などではない――理念型を基準とすることを禁じ手にしなければ理論をつくってはならないという決まりはどこにもない。

丸山の福沢諭吉研究のモティーフについても河上はあきれるほどの鈍感な理解をしている（丸山が丸山真男というパーソナリティに不似合いなほど、福沢に過剰な感情移入をしていて、とても付き合えたものではないと私も感じる。しかしそれは全然別の問題だ）。河上は、

「周知のように、氏自身、その研究生活のほとんど全ての期間に渡って、『福沢諭吉の思想』に関心を向け、問題として来た。そして、この過程で、明治維新後の、福沢諭吉の『西欧主義』に見られた、『図式主義』的西欧理解は、そのまま、第二次大戦後の『近代主義』にも引き継がれて来たのである。」（同）

と書いている。いったいこの人物は、ほんとうに、たとえば『「文明論之概略」を読む』などを読んで書いているのだろうかと疑わしくなってくる。福沢諭吉の図式主義が丸山真男に引き継がれて、研究生活の全ての期間変わらなかったことが「冷静で距離感を持った分析と評価の対象とされ、かつその功罪を議論されることは、避けられないであろう」（河上、前掲論文）というのだ。もちろん避けられないだろう、それに私も異存はない。

だが、『日本政治思想史研究』で荻生徂徠が丸山真男にとってなにものであったか、戦中の福沢論において福沢諭吉が丸山真男にとってなにものであったか、を歴史の文脈に沿って理解していない者に、議論に参加する資格があるとは私には思えない。

## 河上の鈍い「倫理主義」と西部・佐伯の秩序の思想

『「文明論之概略」を読む』のなかで、丸山は学生時代、昭和になって刊行された福沢諭吉の著書に伏せ字があることを発見し、明治時代のほうが自由にものがいえたという事実に愕然としたと語っている。丸山が過剰に福沢の思想を愛し過ぎて、ほとんど「惑溺」しているというアイロニーは否めないにしても、丸山にとって福沢の「合理主義」は――自然に対する「作為」の優位を説く徂徠の認識がそうであったように――、儒教と天皇主義イデオロギーに対して闘う武器にほかならなかったのである。貧寒な武器ではある。しかし、一九九六年になって、河上が、鬼の首でもとったように、「太平洋戦争のさなかの『皇紀二千六百年』を奉祝するために編まれた論集に寄稿するということの問題性はさておき」といいつつ、丸山の『東京帝国大学学術大観』に掲載された論文「福沢諭吉の儒教批判」が、「要するに、『市民的精神のための諭吉の闘争は必然的に(「包括的封建イデオロギー」たる)儒教乃至儒教的思惟に対する闘争と相表裏する』こととなり、また『諭吉に於ける独立自由と国権主義との結合が(そうした)反儒教主義を媒介にしていた』

ことは日清戦争によって証明された、と結論づけるものであった。」

として、諭吉の「文明・近代化」推進論に加担した丸山の論旨は、諭吉がそうであったのと同様に「今次の戦争を正当化する論理とも通底するのである。如何なる趣旨で、氏の『福沢諭吉の儒教批判』は書かれたのであろうか」とそれが翼賛であったことをほのめかしている。

たしかに脱亜論を唱えた福沢諭吉の思想は、合理主義的国権論である。それに対して評価の甘い丸山の姿勢が『「文明論之概略」を読む』について一貫して私も気になった。だが、それは当時の丸山のモティーフがどこにあったかという問題とは別である。「福沢諭吉の儒教批判」執筆時の丸山は、伏せ字部分以外は官許の思想である福沢を隠れみのに使って、つまり、江戸時代の支配思想を批判した福沢の論理の骨格を借りて、近代天皇制国家の支配的思想潮流に、分かる人間にだけ分かる奴隷の言葉で批判を加えようとしたのである。それは『日本思想史研究』所収の儒教論関連の論文が、作為というタームを鍵に近代日本の支配的思想への批判を加えるというモティーフに貫かれていたことと通底する。それが読めなければ思想史の読み手としては失格ではないのか。

なるほど、福沢の儒教批判と丸山のそれについて論じた論文を、共時的に並列して、今日の地平に置いて見るなら、

「封建遺制に対して向けられた『近代主義』の批判は、『過去』に向けられた『西欧主義』の批判と同じ議論の構造を有していたのである。それは封建遺制を批判し得ても『後進的な』第三・非西欧世界の支配を否定するものではない。」

ということは出来る。ここは適切な指摘だ。それは今日の丸山の方法なり思想なりの有効性と限界を分析する際に効果を発揮するだろう。またそれは我々の思想責任の、不可避の課題である。戦前の日本が、アジア・アフリカの開発独裁国家の権力にとってのモデルとなり、今では、非西欧から戦前の日本程度の強権国家が出現してもおかしくない事態に立ち至っている以上、合理主義的市民精神の発露たる国権主義への批判は喫緊の課題である。だが、それは丸山の思想責任の範囲に属さない。福沢も、かれの市民的精神も、唯名論的指標であって、福沢の実体や福沢が借りて来た西欧近代思想を生んだ帝国主義国家の実体がどれほど国権論的でも帝国主義的でも、植民地主義的でも、そのことに直接の責任は負う必要がないからである。丸山評価というレヴェルでは我々は丸山真男のモティーフ（主観）がどのような地平でどのように構想されたかを客観化すればよいのだ。そしてそのなかで、ナチの政治思想が「作為」に属せばただそれだけでこれを「自然」に属す日本の超国家主義の上に置くというような、些か奇矯な評価をチェックして置けばよい。

丸山のマターと我々のマターを混同する精神は、過去の思想や学問に対する無い物ねだりのゆすりたかり精神を喚起する。遅れた日本の「封建遺制」批判、「近代主義」「西欧主義」による日本批判、「輸入学問」による日本批判など、福沢を肯定的に評価した丸山の翼賛責任を指弾するかに見える、鈍い倫理主義者河上の使う概念と、国家主義的視点から丸山の進歩主義や左翼性を非難する佐伯啓思（『図書新聞』九六年九月二一日号）・西部邁（「世紀末天皇としての丸山真男」『新潮45』九六年一〇月号）の概念がほぼ合致しているのは決して偶然ではない。丸山を非難したい、と決めた彼らは自分のアタマの中に、勝手放題な丸山の像を歴史的な文脈も事実関係も無視して描き出し、レッテルはりをやってのけたという点で共軛なのである。結果として、歴史に後から立ち会った者のご都合主義的傲慢が堆積することになる。

## 判断を誤ったのは誰？

こうした論者に比べると佐藤誠三郎の丸山批判のほうが、まだしも周到である。佐藤誠三郎は批判の土台をつくるために、丸山が「複眼的視野」をもつ存在であることを、幾つかの例を挙げて指摘している。そして丸山が単純な西欧主義者でも、啓蒙的合理主義に依拠した個人主義者でもなく、「自由なる主体」を制約する「カルチュア」の重さを自覚していた人であって、丸山は丸山主義者ではなかったと述べている（「丸山真男論」『中央公論』九六年一〇月号）。

佐藤の論点の一つは、公文俊平・村上泰亮と佐藤の共著『文明としてのイエ社会』を踏まえて、丸山の歴史観が中国文化を受容して行った大化改新と西欧文明を受容して行った明治維新を重視し、日本固有のイエ型組織原理による勤勉革命を軽視したことを批判することにある。（伝統軽視を批判しているという意味では、粕谷一希の追悼文も共通している。だが粕谷は「『歴史意識』の古層」以後丸山は伝統主義に回帰したから丸山も時代の子だったと意味不明のことを言っている。私に言わせれば丸山は『「文明論之概略」を読む』で、揺れ動きつつも断固「復初」した。だから時代の子なのだ。）

もうひとつは大正昭和前期への評価の低さ、それにつながる占領下の日本の民主主義の成熟度に対する評価の低さへの批判であり、これは西部、佐伯らの視点と通じて行く性格を有している。ここでは後者について言及することにする。佐藤は、丸山が「政治的判断の世界においては高度のプラグマティストでありたい」（「ある自由主義者への手紙」）と言いつつ、丸山がそうなりえなかったとして、その理由を丸山の民主主義理解の狭さと、核兵器の出現による戦争の態様と国家の性格の変化を過大評価したことに求める。言ってみれば丸山をして、革新派野党の政治陣営への加担と、平和勢力としての社会主義への高い評価に赴かしめた契機を批判しているのである。

その後、平和勢力であった筈の社会主義国家に中ソの激烈な対立が起き、文化大革命で何千万という人々の命が奪われ、中越戦争が起き、ポルポト派の民衆虐殺があり、ソ連のアフガン進攻があり、ついにベルリンの壁が壊れ、ソ連が解体し、中国が先進資本主義国の援助を受けて社会主義的市場経済なるものの導入に熱中している現在、丸山の判断は間違っていた、というのは、実に易しい。佐藤も気にして繰り返し断りながら書いているように、後知恵いがいの何ものでもないのである。佐藤自身、キリスト教を捨ててマルクス主義に走ったと書いているではないか。マルクス主義の陣営から退却した佐藤の前にいた丸山は、ペイン風急進主義を掲げる丸山であり、その丸山に佐藤は魅力を感じたのではないのか。西部邁に至っては、更にその数年後、反日共マルクス主義の運動の先頭に立ったのではないか。そのとき西部は丸山など微温的で許せないと言って憚らなかった筈だ。言って悪いというのではない。わたしも言わなかった訳ではない。これは未成年の過ちではないのだから、だったらそのことに責任をとれというのである。

また佐藤によれば丸山は「いかなるイデオロギーにせよそのドグマ化の傾向に対しては、ほとんど体質的にプロテストする」（丸山、同）としながら、「彼はペイン風の急進的民主主義について、十分にプラグマティックに出会ったとは言えない」（佐藤、同）という。ペイン風急進的民主主義とは、直接には『『政府が悪くて民衆がよいということを前提にしないあらゆる政治形態は不正である』というペインの言葉にしたがい、治者・被治者の間の力のバランスは、治者の方に有利に傾きがちなものであるから、いつも、民衆の方に比重をかけて制度をつくるべきだ」（丸山、「民主主義の歴史的背景」八九年）と言っていることを指している。丸山は自分が共感するペインの傾向にプロテストする気を起こさなかったのである。

佐藤は、丸山がアメリカ占領軍の反共政策や本国でのレッドパージに対して危惧をあらわにしないではいられなかったことに理解を示しつつも、当時の民主主義に対する評価の低さを指摘し、プラグマティストであろうとした丸山は実はアナーキズムに傾斜していたのではないかとも推測する。「復初の説」にみられる丸山の八・一五への回帰の指向や、国会議員の判断を相対的なものとしか見ない直接民主主義的急進主義がその根拠とされている。合理的秩序を！と叫び、よりよき政治秩序を志向し続けた丸山がアナーキズムだとは奇異に映るが、佐藤のいう丸山のアナーキズムとは、デモスは単層ではない、民衆が正しいかどうかという判断を国民代表に委ねねばならぬ訳ではないとする立場であり、地方自治における直接民主主義に当たるものだ。それは、たとえば杉田敦のいう重層化するデモスの自治のイメージ（「デモクラシーの重層化へ」『世界』九六年一〇月号）とつながっている。一方、佐藤の丸山批判のスタンスは、政治はエリートに委ねよという西部邁の主張と重なり合う。一九五〇年から丸山がそう考えていたとすれば、今日の国家主権至上主義の崩壊と地域住民自治の時代の到来を予知していたことになる。皮肉なことに佐藤の批判は、批判対象の過大評価の結果であるかもしれない。それほど丸山の先見の明を逆照射してしまっているのである。

## 「虚妄としての戦後」への賭け方

佐藤の批判にもかかわらず、いや批判をかれが加えれば加えるほど、丸山はある程度架空の楼閣であることを承知で、大日本帝国の実在ではなく戦後民主主義の虚妄に賭ける（一九六四年『現代政治の思想と行動』増補版）ことを選択したのだという風に考えるしかなくなってくる。多くの筆者が指摘してきたように丸山は問題としての日本に立ち向かうことを生涯の仕事にして来た学者であり、思想家である。その格闘の方法上のトゥールが、自然に対する作為の優位、「であること」に対する「すること」の優位という概念装置だった。現実の力関係の優位はその反対の側にあるにせよ、思想学問の方法は捨てない、というそれは宣言であった。『日本の思想』で丸山がいみじくもいっているように、日本人の「現実的」「現実主義」という概念は、既成事実追随を意味する。しかし既成事実は現実の一部であって、将来達成されるであろう未成のことがらもまた現実の一部を構成する。大日本帝国や、戦後保守王国の流儀は既成事実としては現実である。丸山はそれを拒否すると言ったのである。それゆえ、嬉しそうに〈丸山は実在を捨てて虚妄を選んだ、だから裸の王様だ〉とはしゃぎ回るのは愚劣である。本人が「虚妄」（実在しないことを価値として信じること）と知ってそうしているのである。これは現実変革の意志の表明以外の何事をも意味していない。

だからこそ私は、その虚妄への賭け方こそが問われねばならないと思うのである。佐藤誠三郎の指摘にもかかわらず、日本の民主主義に対して、私は丸山以上に低い評価しか下すことが出来ない。鼎談『戦後精神のゆくえ』で鈴木正は実在としての戦後を高く評価し、戦後精神は幻想だとする菅は間違っている、と語っている。しかし、生産管理闘争や、２・１スト準備過程で、無名の人々によって夢見られた幻想（虚妄といってもよい）をとりのぞいた戦後の実体が、そんなにすばらしいものだとはやはり私には考えられないのである。

先人たちの闘いにもかかわらず、課題はほとんど解かれずに残されている。拙稿「ポストコロニアリズムと演劇」（『情況』九六年一〇月号）で触れたように、平均的日本人の想像力は、他者を欠いている。人間の関係意識は直接探知可能感覚可能な地平の内部にしか向かわない。だから地平が閉塞し、その外部へと開かない指向は、絶望的に思考と行動を鎖国化する。丸山が「超国家主義の論理と心理」で分析した日本ファシズムの矮小性とは、一つにはそのことにほかならなかったであろう。「自然」に自足し、「であること」に自足し、外部の光、他者の視線を参照系にすることを拒む場所に蹲っている限り、変革はない。それは参照系が何者か――アジアであるか、ヨーロッパであるか、日常の裂け目からかいま見られる差異の媒介となる内なる異者であるか――以前の問題である。前掲の文章で、コンラッドの小説『闇の奥』の主人公マーロウのオリエンタリズムの構造を分析した丹治愛の発言や大橋洋一が引いているアチェベの発言などを引きながら、私は帝国の想像力における他者構築能力に読者の注意を喚起し、それさえもなしえぬところからの出発を余儀なくされている状況について述べた。問題は共軛である。

## 丸山をどう超えるのか

姜尚中の示唆するところ（『週刊読書人』九六年九月一三日号）に従えば、丸山になしえたのは、欧米もどきの侵略的他者構築への通路をつけることであって、一人前の帝国主義に成り上がることに過ぎないということであろう。だからこそ姜は丸山や大塚久雄は植民地を忘却したのだといったに違いない。だからそこにはポスト・コロニアリティの契機は見いだせない、と。日本帝国主義によって在日の定住外国人という立場を強いられた人々や、日本の植民地支配を受けたり、占領されたりした地域の住民が、この点（植民地という他者への自覚の欠如）に強く固執することには必然性だけでなく、正当性がある。日本人である私も結論部分に異論がある訳ではない。だが、だったら丸山への指弾がポスト・コロニアリティへの通路になるのか、ということには大いに疑問が残るのである。

さて、「作為」の立場とは自覚的主体の立場（自由なる主体）であり、丸山の主体主義の立場は四七年から始まった主体性論争で明示的に語られている（現代日本思想体系『近代主義』所収の座談会「唯物論とする主体性」参照）。どうしてこのような視点が必要とされたのかについては、別稿（「主体性論争と戦後マルクス主義」『占領と戦後改革』3所収、岩波書店刊）に述べた通りである。

だが自由なる主体という一般性は抽象的個人主義を導き、それは人間の見方をアンドロイド化する。一方主体性論は逆説的な独我論的倫理主義に通じる。主体性論の論客梅本克巳のモティーフは、革命のために喜んで死ねるか、という問いであり、まさに歴史に対する責任倫理を支える自覚的な心情倫理とでもいうべきものを見いだしたいというところにあった。皮肉をいえば革命の特攻隊哲学だ。また主体性重視の立場は生産力主義にも通じる。武谷三男、星野芳郎と引き継がれた技術論は、高度経済成長を支える技術者の内的規範として機能した。また主体性論は政治の生産力主義、すなわち政治の効率を優位に置くマルクス主義的独裁論（田中吉六の主体的唯物論に発する観念的思弁的前衛主義はそれの極北だ）への道を拓く。

更に言うと「であること」への「すること」の優位とは、合理主義的近代主義的ファロセントリズムである。丸山は『日本の思想』の該当箇所で、さりげなく「男であること」というのでは小説の題名になじまない、川端康成の小説の題名が「すること」から疎外された「女であること」だからしっくりするのだという感慨を述べている。たしかに、やくざ映画のヒーローたちも男で「ある」のではなく「任侠」を貫く行為（＝「すること」）によって男に「なる」のだ。だがそれはルサンチマンに「耽溺」した「すること」である（余談だが、『日本の思想』から十年、丸山には、かなりの部分はそれがかれのひが目であったにせよ、全共闘の青年たちが、そういうルサンチマン人士と重なって見えたのではあるまいか。ナチ云々に肯定の余地はないが、彼らが反近代・反戦後民主主義の情念に「耽溺」しているところがあったことは否定できない。また、それから三〇年、新戦中派のなれの果てのようなあの世代の酔いどれルサンチマン人士の懐古趣味の蔓延はいま目に余る。丸山のけい眼がそれを見抜いていた、などとは言わぬことにするが）。しかし、いずれにせよ、「する」主体としての人間は、個人で、健常で、西欧近代が生み出した観念にふさわしい自我をもつ、欧米人かそれもどきの男にほかならない。

だが、にもかかわらず、――現実に植民地が持てるようになろうという意味ではなく、関係意識のありかたの革命としては――丸山らが試みた作業を媒介にした他者構築能力の形成へ向かう指向無くしては、その他者構築能力の帝国主義的性格の解体もまたなしえないのではないか。もちろん、いまさらプロレタリア独裁なくしては国家の解体はないといった、ウルトラ〈突き抜け〉

（＝皿まで喰ってこそ毒を倒せる）史観を振りかざすのではない。また竹内好が提唱したようなネーション再形成運動をやろうというのでもない。しかし作りつつ壊すアクロバットなしに、ポストコロニアルな行為と存在の様式は形成出来ないのではないか。「作為」は近代主義、「すること」に価値を見いだすのは男性中心主義、とする一般的評価からは、ペンペン草も生えない。それは歴史の時間と日本という空間の性格を没却した議論だからである。歴史的評価の上に立った実践のなかでの葬送が必要だ。

樋口陽一は『自由と国家』や旧著『比較の中の日本国憲法』で、日本人は一度は強者の個人主義をくぐれ、ルソー・ジャコバン型民衆主義をくぐれと執拗に提唱している。こういう提唱に意義があるのは、丸山の構想した「自由なる主体」が成立してないままに戦後五二年が経過してしまったからにほかならない。決着がついていないのなら何十年でも何世代でも延長戦をやるしかないではないか。西部邁は日本には丸山が言った自由なる主体が全国民的にはびこっていると慨嘆して見せる（「世紀末天皇としての丸山真男」『新潮45』九六年一〇月号）。ウソも休み休み言いたまえ。それとも西部のいう国民は、天皇裕仁のいう国民が重臣のことであったように、国会議員や高級官僚、エリートジャーナリストのなかの政治改革・規制緩和といった「自由化」論議のことを意味するのであろうか。目の高さをフツウの人間に置けば、自由なる主体意識は形成を妨げられ続けている。いかに高度情報化社会であっても、高度消費社会であっても、そうであるがゆえにひとびとは歴史から、あるいは歴史意識から遠ざけられ、伝統からも、日本的経営からも、改革からも弾き飛ばされた場所で飽食してはいても逼塞させられている。もちろん啓蒙が処方箋になるわけではないが、作為の価値を作りつつ壊し、壊しつつ新たな価値を形成する過程を踏まねばならないことだけは確かである。丸山は啓蒙だけを唱えた思想家ではない。汲むべき思想史的、思想的、理論的成果を内蔵したテキストであり続けている。

# 四、戦後思想は検証されたか――書評・小熊英二『民主と愛国』

## 本書の概観

この膨大な著作の第一印象を記せば、「戦後」を生きるにはあまりに遅く生まれた世代の、戦後思想史研究の頂点の水準を示すものといえる。一貫して平明な文体で、歴史に後から立ち会った者が陥りがちな、鶴見俊輔のいう「回顧の次元」からの断定を排除し、同時代の視野に立って、思想的営為を内在的に解明しようとする試みである。膨大な資料を幅広く検索して渉猟し、紹介する手法は、いかにも六〇年代生まれのパソコン世代に相応しい。この点が本書にプラスにもマイナスにも作用している。それは資料の渉猟が巧みだけれども、使い方が表面の意味にとらわれて歴史の文脈を読み違えている、といったこととは少し違う。個々の著作物の言説に対する字義的読解能力は卓越しているし、パソコン世代は戦争や、敗戦直後の時代を経験としては知らないということに対しても著者は自覚的である。それゆえ、「人間は当該社会に共有されていない言葉を使うことは出来ない。したがって、人間は、当該社会を支配している言説（言語体系）の外部に出ることは困難である」という自戒が生まれる。だからこそ、敗戦直後期の思想の分析において、超越的な断罪に走る失敗から救われている。

だが反面、この自覚が、ある意味で過剰であるために、「当該社会」と現代を対比的に往還して、歴史と自己の相対化を図ろうとする試みに対して、「言葉の表面的な類似性から、戦後思想と現在の右派の共通性を論じるのは、議論が単純すぎる」として、川本隆史（『ナショナルヒストリーを超えて』所収）や太田昌国（『ピープルズプラン研究所ニュース』三号所収）の議論を切り捨ててしまうことにもつながってしまっている。当該の時代の当該の社会の文脈に内在的にテキストを解読することに成功した対価として、そこから出てこられなくなったのだ。その結果、考察対象の当該社会の価値意識に同一化してしまった一面があることを否定できないのである。

さて、筆者は次のように戦後史を区分する。まず敗戦から一九五五年ころまでの第一の戦後、「貧困と改革の時代」である。それは丸山真男、大塚久雄、竹内好、石母田正らが戦時下の総力戦思想の中で生み出した思想による、軍国主義日本の実態批判（いわば忠誠による反逆）の連続的延長に位置し、それが戦後における筆者の言う「真の愛国」や「国民主義」的自覚の契機として機能した時期である。この時代、戦争への主体的反省を契機として発言した戦後思想家たちによって「近代」は獲得すべきものとされ、「市民」は（丸山の市民概念に戦中と戦後のブレがあることが指摘されているが）、共産党とは一線を画する戦後思想家によって、形成されるべき主体的意識を持った人格と意味づけられた。

次が一九五五年ごろに始まり一九六〇年から本格化する第二の戦後、批判の対象として第一の戦後が意識され、「戦後民主主義」という批判の呼称が生まれる時期である。ここでは、近代は批判の対象とされる。また、この時期になると国民主義とは国民以外を排除する意識あるいは無意識を意味するようになる。

そして、これは本書の言及対象から大筋では外れているが、冷戦終結以後の一九九〇年代以降を、著者は「第三の戦後」と定義する。

その上で、小熊は本書で、戦後思想史における代表的思想家の傾向をとおして、時代の「心情」をとらえることを試みたと述べている。長い時間の幅で維持される「心性」ではなく、数十年の幅で変化する「心情」のあり方の検証を本書の課題とするというのである。俎上に挙げられる思想家は、まず（一部）は二〇世紀初頭＝ほぼ「明治」生まれの丸山真男、竹内好、大塚久雄、石母田正などであり、下って（二、三部は）一九二〇年代前半＝「大正」生まれの鶴見俊輔、吉本隆明、一九三〇年代＝「昭和」生まれの小田実、江藤淳などである。第一部が戦時期および敗戦直後期、第二部が五〇年代、第三部が形骸化した戦後思想が批判にさらされる時期をあつかっている。

## 民主・愛国・公共性の通底——戦中・戦後の連続

本書の表題は「民主と愛国」であり、副題は戦後日本のナショナリズムと公共性である。戦後思想における公共性の概念は、ナショナリズムと深く結びつくものであったという示唆が、表題に示されている。民主対愛国、公共性対ナショナリズムが互いに対立しあうものとしてではなく、基本的には相互に包摂しあい、互いに内在しあう関係として把握されている。これが本書の一つの眼目である。やや乱暴に言ってしまうと、最良の戦後思想はラディカルに民主主義であることによって、愛国主義であり、すなわち国民主義＝ナショナリズムであり、そうであることが、公共性を形作る契機となっていた、そこに戦後思想の生命力があった、というのが筆者の認識の基本構図であるといえるように思う。この基本構図は、序章で提示されるだけでなく、繰り返し、各章の叙述の中で、それぞれの言及対象に即して変奏されている。

また、著者は、戦中と戦後を機械的な思想上の断絶と見なす視点をとらず、その連続性のうちに、思想的な力の源泉とでも言うべきものを見出そうとする。それゆえ小熊は丸山真男、大塚久雄、竹内好といった思想家に共通して見られる、「忠誠と反逆」が一体化した戦時下の論文の発想に着目し、かれらが真に総力戦を遂行できる体制を考えるということと、戦後日本の建設ということを、ひとつながりのものとして捉えようとしてきたことに強い関心を払っている。戦後思想の中心的担い手の原点とでもいうべきものを、総力戦体制下に胚胎したものとする認識もまた、本書の特徴の一つである。（南原繁に対してはともかく、丸山真男に対してまで、反逆＝国家体制批判の契機を、彼の天皇への敬愛に見出すというのは無理があるように思うが。）

小熊は、「愛国」を民族主義やナショナリズムとほぼ同義にとり、戦争経験から学び、日本の再出発と変革を志向した多くの戦後思想家が、民族を民衆と同義のものととらえていたとし、民族とか「単一民族」とかいう概念を価値として戦後思想家たちが用いている場合、階級その他の格差が正され、統一された全体を形成するという事態が想定されていたと指摘している。こうした前提に立って、小熊は、戦後思想家たちの「民族」やそれと同義のものとしての「民衆」を正の価値として取り出してくる。

これと対置される負の価値は、総力戦体制を妨げた「国家主義」「超国家主義」「官僚制」である。また、そうした国家体制やイデオロギーとは別に、阿諛追従する日本人の権威・権力への追従（これを日本人の「面従腹背」への批判だ、という記述があるが、これは面従腹背という語彙の意味の誤認である。この文脈で、「面従」はともかく「腹背」が批判の対象になろうはずがない）あるいは「封建制」や後進性が、負の価値として取り出される。それは、対象とされる戦後思想を認識する際の構図であるとともに、筆者自身の価値意識でもあると見て取れる。

革新的戦後思想の革新性評価のキーワードは①主体性、②天皇制打倒、③戦争責任追及である。これらは互いにほぼ同義だと著者は言う。主体性とは権威に追従しない精神のことであり、天皇制とは戦時下における権威そのものだった。戦争に対する責任意識の喚起は、権威・権力の象徴の否認によってはじめて可能になるというわけである。

## 近代主義・「国民主義」批判の通念からの自由

冒頭に記したように、私は、本書の戦後思想分析のスタンスに、一面では共感を抱いている。しかし、反面、いくつもの違和感を禁じえない。究極どう評価してよいのか、当惑から抜け出せないでいる。まず、共感の側面の一端を記そう。

第一に、党派・無党派のさまざまな新左翼諸潮流や、これと対抗的な右派諸流の、ルサンチマンに充満した、超越的な「戦後民主主義」批判――丸山など反動に決まっている、大塚など近代主義者に決まっている、竹内などナショナリストに決まっている、ナショナリストは反革命だ、といった類の新左翼ステレオタイプや、戦後民主主義は国家を蔑ろにした、愛国心がなくなった、彼らとアメリカが作った歴史教科書のおかげで日本人は歴史に誇りがもてなくなったという右翼ステレオタイプ――に与せず、戦後思想家が生きたその時代の視野に立とうとする著者に一種のさわやかさを感じている。また、間宮陽介などと同様、丸山らに対するいわゆる「ポストモダン派」の安易で独断的な「近代主義」（国民主義）批判に対抗的な姿勢をとろうとしていることに対して、私は、その限りでは大いに好感を持った。さりとて丸山・大塚・竹内らの護教派に堕していない。そこに私は、人格的にも時代的にも関係が遠いために、対象との距離の測り方に難渋しないですむ著者の自由さを見た。

第二に、その結果として、民族主義を高く評価してしまってはまずいのではないか、というようなこわばりがないために、石母田正が提出した歴史学における民族概念の積極的意味を的確にとらえていることを評価したい。またそれが、スターリンの民族論とリンクしてしまい、結果として「国民的歴史学運動」が共産党の政治路線の先鋒となり、多くの学生らを傷つけた無残さに言及することも、著者は忘れていない。網野善彦に対して、「『網野君、悪かった』といってくれた唯一の歴史家」（網野善彦対談集『日本をめぐって』）である石母田正らの国民的歴史学運動に対する著者の次のような叙述は、歴史に後から立ち会ったものの総括（あるいは総括できないことの総括）として最良のものだ。

「『民族』という言葉のもとに、孤立からの脱出と学問の革新を求めた国民的歴史学運動は、政治の変転のなかで挫折し忘却された。しかし、この時期に提起された問題が果たして現代でも解決されえたのか、そこでの試行錯誤を『鼻先でわらう』ことが出来るのかは、おのずから別問題である。」

この叙述は、最終章で石母田らの試みの本来の意図と、「カルチュラル・スタディーズ」やサバルタン・スタディーズ（その思想的支柱としての「ポスト・コロニアリズム」）との親近性を指摘している著者は、ひょっとすると、国民的歴史学運動の総括なき「カル・スタ」が、類似の轍を踏む危険性を暗に警告しているのかもしれない。

第三に、『近代文学』の同人たちとりわけ荒正人の、前世代左翼文学者や共産党の公式主義に対する過激な闘いについての描写と評価は、既知のことも少なくなかったし、後述するように、問題を感じるところもあるが、多くの点で共感できるものであった。とりわけ福田恒存の戦争直後期のスタンスと、『近代文学』グループとの屈折した関係（平野謙との近さ、入会の意欲を示した矢先の他の同人による入会拒否、一転した『近代文学』攻撃）の叙述は面白かった。

第四に、吉本隆明に対する辛らつな批判は、後述する重大な一点を除いて、出色のものである。戦中派の戦争体験に依拠して、戦死の思想を絶対化し、壊滅的徹底闘争を主張して、共産党や、戦後民主主義者や、六〇年代市民運動派や、新左翼諸派を否定し、それによって、年長世代の共産党コンプレックスを抱いてきた人々や、敵対する教授連を粉砕する論理を求めていた六〇年代全共闘運動の担い手の過剰な共感を手に入れ、神話的存在になった吉本だが、彼は、戦時下に徴兵逃れをしたことに対する自責の反転として、激烈な言辞を操ってきたのであったし、この〈無垢な純粋〉の偽装は、六〇年安保のときも繰り返されたと著者は言う。穏健な市民主義を掲げながら安保での死を決意していた鶴見と違って、命をかけることに価値を見出し、それを公言してきた吉本は命を賭けずに権力の攻撃から生還する道を選び、それを契機に、小林や福田に酷似した、絶対的に「私」を「公」（国家ではない。公共だ。念のため）のうえにおく立場を考案し、戦死の思想を拒絶する論理を編み出したのだと小熊は言う。しかしその後も、一貫して一見戦闘的反秩序の文体を貫いていたため、このからくりが露顕したのは八〇年代になってからだった、と著者は分析する。「自立の思想」が、いかにダルな「私」の居直りの論理に過ぎないものかを、ある時期執拗に暴露することに力を注いだことのある私としては、わが意を得るところ大であった。

第五に、江藤淳のたどった軌跡に対する分析と、その結論は、江藤に違和感を覚えてきた読者を納得させる力のこもったものだと考える。小熊はこう書く。

「しかし、『八月十五日にさかのぼれ』と述べた丸山真男を現実逃避だと非難した彼が、『十二月七日以前』に復帰すれば『現実』に出会えると主張するのは、矛盾でしかなかった。敗戦と没落の痛手を直視できず、戦後の日本社会の現実を『虚構』だと拒み、ひたすら『屍臭』の世界に逃避していたのは、江藤自身のほうだったのである。」

第六に、江藤だけでなくたとえば、加藤典洋の〈内向き〉な死者追悼の論理や、佐伯啓思の「単純な国家への忠誠」の提唱など、六〇年代に後追いで捏造された批判装置としての「戦後民主主義」像によって、敗戦直後の思想的営為非難を批判する言説への反批判は、多くの場合適切なものだった。著者には、遅れてきた世代の、醒めた無知の知が輝いており、九〇年代の戦後批判論の筆者たちには傲慢な無知への居直りや、己の無知への無自覚がとぐろをまいていることがよくわかる。

## 公共性・ナショナリズムの定義の不在

だが、こうした評価とはうらはらに、本書に対して、私はかなり根本的な疑問がある。なによりもまず、「公共性」の定義が不明であるために、戦後日本の「公共性」という指標との関連で、戦後思想が何を達成し、何を達成しえなかったのかが、究極のところ全く明らかになっていないことである。著者は、〈理想としての民主―真の愛国―ナショナリズム〉の構築に向けた思想的営為の向こう側に、いわば〈方向〉として「公共性」の形は見えているではないか、というかもしれない。だが、著書の副題にまでした、キーワードの一つが、明示的に規定されないままなのは、正直言って非常にもどかしかった。

第二に、これと関連してナショナリズムの概念があいまいであることだ。ないしあまりに日本の戦後過程でのナショナリズムに肯定的でありすぎる。「自分の喜びが他者の喜びでもあり、他者の苦痛が自己の苦痛であり、自己と他者を区分する境界が意味を失うような現象」（八二八頁）が、ネーションでもありえ、革命でもありえ、市民でもありえ、人間でもありえるというのでは、公共性の定義も、民族の定義もしたことにならないのではあるまいか。

戦後思想家たちが、多くの局面で民衆と民族を同義と捉えていた、というのは事実であるとして、その認識をそのまま後世の著者が踏襲してよいことにはならないだろう。植民地支配と類似した状況の下でも、「日本民族」は一体などではなかったはずだし、朝鮮人や先住民はどうなっていたのかについての感度は、敗戦直後期においても、思想家に問われたに違いないのだ。丸山と荒正人の朝鮮人観の違いの由来などに言及していながら、それがもったかも知れぬ決定的な差異の意味に関心が向かわないことには重大な不満を覚える。当時は「単一民族」という言葉の意味が、格差を克服した全体としての統一を意味した、ということを著者は例を挙げて指摘しているが、思想家たちの叙述の含意がそうであったとしても、実態がどうだったか、理念と実態の落差を戦後思想家たちがどう感じていたか、それを分析することこそが、戦後思想の、社会との関係の検証というものではないのだろうか。世代論は不毛と知りながらも、ここまで民族的一体性の幻想を疑わずに、戦後思想家たちの言説を評価されるのを見ると、著者よ、あなたは第一の戦後はおろか、第二の戦後にもあまりにも無知である、だから、第二の戦後を生きた人間たちが、第一の戦後の思想家たちや政治組織の思想に感じた違和感を理解できないのだ、と言ってみたくもなる。

第三にそのことは、六〇年安保闘争を、民主で愛国、ナショナリズムで公共性を目指した闘争とすることへの疑問にもつながる。第一の戦後の時期でさえ、成立していたのかどうか疑わしい民主＝愛国、公共＝ナショナリズムという図式が、六〇年にも成立していたという風に、著者は何を根拠に信じ込むのであろうか。インターナショナリズムを掲げていた共産主義者同盟のメンバーだった柄谷行人でさえ言っているのだからそうだったに違いないというのが筆者の見立てなのであろうが、植民地でも占領下でもない、かなり高度に発達した独立国家で、共産主義革命を標榜する政党が、ナショナリズムに自足しているのは不自然なことである。だからこそ共産党を否定して共産主義者同盟は結成されたのであるし、大衆の多数の意識がナショナリズムであることには何の不思議もないにせよ、多数と主流は別のことだし、多数と先端は一致しないのが常態である。思想史家なら、それに気づかないのは鈍感の極みである。

六〇年安保の思想はナショナリズムだという見解は柄谷行人だけでなく、これまでにも多数ふれた。座談や対談の席で、松本健一が私にそう言ったことを記憶しているし、磯田光一にもそう言われた。だが、六〇年の日本は一億総貧困の均質な社会などであるはずがない。階級的な勝ち組負け組が鮮明に分岐し、近代的ないし戦後的な人種差別、民族差別、性差別、部落差別が社会の格差を拡大していた。そういう資本主義国日本で、ナショナリズムが公共的指標でありうるわけがない。社会矛盾を解決するための突破口として、当時のラジカルな社会思想のスタンダードからすれば、当然インターナショナルが志向されたし、階級性が志向された。

共産主義者同盟と全学連主流派指導部は、理論的には未熟ながら、それに気づいていた。谷川雁は、炭鉱労働者の視座から、ナショナリズムと民主主義一色の多数派の運動に強い違和を表明していた。谷川と吉本隆明や埴谷雄高らの共著『民主主義の神話』は、ナショナリズムでは闘えない、ということの異議申し立ての書であった。小熊はそれを読んでいるのだから、社会の多数派の心情や、それを喚起した大思想家の言説がどうあれ、そこに収まりきれない余剰の中に、時代を動かす契機が潜んでいたことは知りえたはずだし、気鋭の思想史家なら知りえなければならなかったはずである。確かに七〇年の左翼も、華青闘（華僑青年闘争委員会）に日本人は革命家でも侵略者だと批判される、外部への自覚の欠如の刻印は免れなかった。しかし、人間の感度の問題は、極めて重要とはいえ、それの欠如はそのまま理論における階級意識や、敵の認識や、国境を超えようとする思考の欠如と一つのことではない。だが小熊は、なぜか茫漠たる通念を、彼が知りえたはずの第一の戦後と六〇年の際の事実認識に優先させている。

第四に、この鈍感さの帰結かもしれないが、先述した著者の戦後の時代区分に疑問がある。敗戦直後期という意味での第一の戦後とは、遅くとも占領終了まで、早く見積もれば戦後革命の予感に満たされていた二・一スト前後までであり、産別会議が瓦解し、アメリカの意向で総評が結成され、文部省の手による教科書「民主主義」が作られたころには、戦後は新たな秩序となりかけている。貧困はともかく、改革の時代は五五年よりかなり早い時期に終わりをとげている、と見るべきだし、五五年から九〇年代までを一くくりにすることは、この四〇年の間の劇的な変動を無視することになるのではないか。

## 女性と無名者——マージナルなものをめぐって

第五に、序章注一八に記された「本書で検証される論調には、女性によるものが少ない。これは意図的な選択ではなく、『代表的』とされる論調を検証の対象にした結果、女性のものが入らなかったということである」という記述についてである。本書は戦後日本のナショナリズムと公を巡る言説であり、天下国家をめぐる言説、男子はいかに生きるべきかの言説なのだから、女性の言説が入らないのは必然だと言うわけだ。だが、男の大思想家の言説や心情を中心に扱うということと、その結果そこから漏れる課題を後景に退けるということは別のことではないか。著者の言うように、女の言説を取り上げることが必要なのではない。けれども、日本人の男の大思想家に限定して検証することが、マージナルな地域や、人種や民族や性を、考察の対象から除外する結果になるとしたら、公共性を主題とする著作が一向に公共的でないというブラックユーモアに陥ってしまうではないか。

石母田正の国民的歴史学運動にその歴史的制約を見るとともに、サバルタン・スタディーズへの道を開く契機を見出す問題意識を持っている著者が、天下国家をめぐる言説を分析するのだから男の大思想家の分析中心でいいのだとし、結果として戦後の男社会のイデオロギー分析を主題から遠ざけてしまったのは合点が行かない。荒正人と丸山真男の朝鮮人体験の違いが、彼らの言説の差異に投射されていることを指摘したり、平野謙による戦前共産主義者のハウスキーパー問題への言及を取り上げながら、そこから先に踏みこまない、というスタンスは何を意味するのか。それでいながら、最終章では、戦後思想における男性中心主義が批判されているのを見ると、検証の対象となる言説の選択と、思想史上の課題の選択とが、ときと場合によってミスマッチを起こし、著者の主題設定をもぐらつかせていると言わざるを得ないのである。

第六に、言説解読の手法の機械主義とでもいうべきものが気になる局面があった。大思想家ではない無名の人間の手記や投書を扱う際に、とくにそれは露顕する。静岡県富士郡上野村の選挙違反を告発した女子高校生の家が、村八分にあった事件で、著者は女子高校生の手記の次の部分を引用する。

「私は限りなく祖国を愛したい。だから限りなく人を愛したい。人類を愛することそれは人類の自由と幸福を愛し、その為には全生命を自分で守り、幸福のために闘わなければならないと考える。」

小熊はこれを、村の思想と祖国の思想の対決であるとし、「ここには、丸山真男が唱えた『国民主義』の、理想的な姿があった」と意味づけた。そして、「ここに見られる心情は、おそらく当時の進歩的知識人や若い共産党員と、共通するものであったろう」と「国民主義」「真の愛国」の枠組みの中にはめ込もうとする。私は故あって五〇年後の「石川さつき」を知るものだが、私が聞くところでは当時彼女のイメージしていた「祖国」とは、アラゴンやエリュアール、ヴェルコールなどのレジスタンス文学から得たものだったという。もし小熊が、当時のこういう女子高生の思想に貪欲な興味を抱いているのなら、手記を引用して、祖国という言葉の戦後日本の「国民主義的」言説との語呂合わせなどを急ぐのではなく、フランス・レジスタンスのナショナリズムと、戦後日本へ文学作品を通して入ってきたレジスタンスの理念系と、「尊敬していた教師」や「共産党員」の「国民主義」的な「愛国」や「平和」や「民主」のヴィジョンの落差や異同を検証することに関心を向けるべきではなかったかと思う。

フランス革命のナショナリズム（祖国愛）と、植民地解放闘争のナショナリズム、さらには対独レジスタンスのナショナリズムと、占領下の日本人のナショナリズムとは、重なり合う部分と異質な部分を併せ持っている。また、国家が注入し強制するナショナリズムとさえ、対立する部分だけでなく、重なり合う部分がある。それを分析することなしに、新左翼の多くの論者のようにナショナリズムを蛇蝎視したり、ポスト・モダニストたちのように国民主義を嫌悪したりしても無意味だし、著者のように、真の愛国を称揚してもいささか空しいのである。

もう一つの問題は、無名の少女の手記や投書に何を読むのか、についての著者の姿勢のある種の鈍さだ。革命政党の綱領ではないのだし、大思想家の言説でもないのだ。祖国を愛する↓「愛国」「ナショナリズム」といった平板な解釈に走るのではない読み込み方がないものなのか。まして、彼女に入れ知恵した「進歩的教師」の思想傾向を読むために、わざわざ「村八分の記」や学内雑誌を引用したのかと思うと、索漠たる思いがする。年少者の手記の解読は、一種のサバルタン・スタディーズだという自覚が筆者にあったであろうか。

## 主体性論争への誤認

第七に、著者の主体性論理解は、一面的である。『近代文学』の動向に関して著者は、主体性論を単純に反共産党の思想のように語っているが、これは誤りである。確かに、主体性論批判の急先鋒だった松村一人は党員だが、主体性論の提起者の代表である梅本克己も党員である。梅本は命をかけた革命への献身の倫理の模索を契機に主体性論にゆきついた。梅本の関連著作を一つ読めばわかることである。また荒正人は当時党員であり、文学における主体性論争も、主体性論批判者が党の公式的立場の代弁者であったことは確かだが、党員対党員の論争だった。また、反主体性論の客観主義者は必ずしも共産主義者でない。

近代合理主義者の宮城音弥や、清水幾太郎のような非共産党左翼は、強硬な反主体性論派だった。小熊英二が専門的思想史研究者なら、私のような学問の素人でも知っていることくらいは検証すべきであろう。「二〇世紀研究所」の紀要Ⅰ．Ⅱ．と岩波の『現代日本思想体系』「近代主義」の巻で足りることだ。

第八に、これは先述した吉本隆明批判に随伴する事柄だが、小熊は、過激な闘争を訴えてきた吉本隆明が、囚われの身となって生還し、死ななかったことを非難している。そして、「すなわち彼は、戦争と同様に、安保闘争でも死ななかったのである」と小熊は書く。実は生活保守主義の側に身をおきながら、戦闘的な姿勢（ポーズ）を取って、正体の露顕を避けていたことを非難するのはよい。しかし、戦争で死ななかったこと、安保闘争で死ななかったことを問責する議論は、レトリックとして不快である。言説の上でも、してよいこととしてはならないことがある。花田清輝と吉本隆明のような戦前派と戦中派が、命を懸けた度合いを争うのでさえ醜悪なのに、四〇年間、思想に命がかかりようもない環境に生きてきた小熊の世代がやるべきことではない。強請《ゆすり》の言説を非難するのに「お前命を捨てなかったじゃないか、生きてるじゃないか」と、強請《ゆすり》の言説をもってするのは禁則でなければならない。

第九に、これは一部冒頭に触れたことの繰り返しであるが、川本隆史や太田昌国が、自分たちが私淑してきた竹内好や上原専禄や石母田正らの五～六〇年代の言説が、九〇年代の自由主義史観の言説と言葉の字面の上では酷似している、ということを指摘し、戸惑いを表明しながら、いかに解くかを論じているのに対して、「言葉の表面的な類似性から、戦後思想と現在の右派の共通性を論じるのは、議論が単純すぎる」と小熊が切り捨てていることに関わる。私はナショナリズムに無警戒で、単純すぎるのは小熊のほうではないかと考える。なぜなら無垢のナショナリズムなどというものは、敗戦直後期にもありえないこと、「昔」と「今」を分かつ決定的なパラダイムの切れめなどというものは存在せず、第一の戦後は、どれだけかは現代であり、現代はどれだけか第一の戦後なのだ。似ているのは字面だけではないと考えるのが必要な手続きであり、似ているのは字面だけだと考えるのは単純すぎるのだ。

## 看板の一部に偽り！

第十に、天皇制とその戦中戦後の異同の対象化が試みられていないことに大きな不満を感じる。

著者は天皇制と戦争責任問題をつなげてトータルに考察していないと、先行する戦後思想研究者たちを批判しているが、戦時下天皇制は戦後どうなったのか、その観念体系は戦後五〇数年どのような性格を維持して、日本国家の政治秩序や日本社会の秩序や日本人の心性をどのようにコントロールしてきたのか、来なかったのか、という課題に対して（天皇制を戦争責任という次元とは相対的に別個の主題として）関心を払う感度が私には希薄に見えて仕方がない。心性、心情、社会秩序、政治秩序は、相補的・相互規定的な関係にあるのだから、心情だけを対象にしたのだからといって、おもに心性とかかわる天皇制は本書の考察の対象ではないということは出来ないはずである。

さらに十一番目の違和感を表明すると、文学芸術から開示される時代の心情、文学に投射される政治・経済の諸事象が、断片的にしかとらえられていないということである。少なくとも、第一次戦後派の作品世界の検証は、『近代文学』の同人たちを検証するのと同等の重要性があるのではないか。坂口安吾や太宰治のエッセーや評論はとり上げられても、作家の、作品レヴェルの表象は素通りされている。戦争を主体的に総括することが戦後思想の共通の主題であるとするのなら、何故、「野火」や「暗い絵」「崩壊感覚」「顔の中の赤い月」や「広場の孤独」や「ひかりごけ」が、検証の対象にならないのか。

こうした様々な事柄が原因となって、本書の総括の章は総括として成立していないように思える。表題や序章での著作意図に即して、戦後史における「民主」・「愛国」・「ナショナリズム」がなぜ、いかに、公共性に到達できなかったか、その難関のありかたを検証してほしかった。それには小熊の公共性の定義と、それを参照系とした戦後思想の検証が不可欠だった。本書には、公は論じられている。公と私の関係も論じられている。しかし、公共性とは単なる公でも公私の関係でもない。公共性論という主題に対して、実は筆者は無関心なのではないか、と疑いたくなるほど、「公共性」はほとんど明示的には論じられていないのである。これでは、看板に偽りがある。戦後日本のナショナリズムと公共性という副題が泣くのではあるまいか。

もちろん、これらの批判は、翻って批判者にはねかえる。なぜなら今、ナショナリズムをどう捉えるか、公共性とは何か、という問いは、この時代に生きる人びとすべてのものだからである。

# あとがき

民主主義という決定のシステムが、理想的に徹底されればされるほど衆愚政治に陥る「危ない」一面があるということぐらい、昔からわかりきっていた。それを承知で、コミューンとかソヴェートとかいった、無限に下方に向かって開かれた直接参加による総意の決定が行われる場を持つことを、私もまた変革された政治の理想のヴィジョンと考えてきたのだった。丸山真男が、戦後民主主義の「虚妄」に賭けたように、いや、その遥か前方を見通したつもりで、私（たち）もまた人びとの政治の究極の姿というものをイメージしてきたのだといえる。

それは、自分もその一人である「大衆」を愚弄してはならないという一般的な倫理観や、大衆が過ちを犯すことによって学習するという試行錯誤の過程を経験する以外、未来へのいかなる可能性も見出せないという論理的帰結による選択でもあったには違いないが、敗戦の経験の上に、押し付けであれ何であれ受け入れた平和主義を「日本人」の自覚を持っている人間が捨てるわけがない、どんなに「衆愚」に成り下がっても、侵略戦争だけは選択しない、また全ての侵略戦争が、自衛を大義として掲げたという歴史を忘れはしないだろう、という特殊に日本社会に関わる楽天主義があったからだといえる。

侵略戦争に手を染めなければ、過ちゆえの試行錯誤は安いものだ。言い換えると、加害の戦争にも被害の戦争にも当事者であることを強要された戦中派と、戦争の辛酸の飛沫を直接浴びた戦後派と、間接にそれに拘束された団塊世代がいずれ社会の中軸に位置するようになれば、徹底保守・穏健保守・中道・革新・革命派を問わず反戦平和主義（革命戦争とりわけ他国のそれ「テロ一般ではない」だけは戦争の価値が「平和」を凌ぐ唯一の例外だという留保が私にはあったが、それが根本的な瑕疵だとはいまも私は考えていない）だけは日本社会が内面化する、その点では何をどう失敗しても日本はよくなる、それはとりあえず、日本の外部にも何らかの貢献をし、いずれは日本という国家のプレゼンスの希薄化、この世界における国家の消滅あるいは廃絶に向かわしめる契機となる、と考えたのだ。

だが、いまわれわれの前にある事実は、この楽天主義をあざ笑っている。加害の記憶はおろか、被害の記憶さえ消去され、「拉致」（断っておくが、拉致が被害者にとって深刻な事態でないなどといっているのではない。「拉致」を媒介とする国民的怒りが空疎なのだ）だの「テロ」（これも念のために言って置けば、テロ被害者にとって何よりもテロは憎むべき事態である。空疎なのは「テロ」を使ったイデオロギー操作である）だの空疎な符牒に煽られた「国民主義」という、言うもおろかなイデオロギー（石原慎太郎こそこのポピュリズムのシンボルとして相応しい）が、信じ込まれてもいないのに受容され、何が集団としての日本社会の内か外かも定かでないまま、「外」らしきものを討伐するという煽動が支持されている。戦後派の小泉は戦争の辛酸など知らぬげにブッシュに隷従する。ブッシュは「ベトナム後遺症」（ハワード・ジン『テロリズムと戦争』大月書店一〇九頁）の渦中にあったであろうアメリカ人の過去の経験などみごとに没却して、なりふりかまわずアメリカ帝国の世界制覇の野望にとりつかれている。都合のよい忘却こそが帝国とその従属者たちのイデオロギーの基盤である。これでよく、「自爆テロ」を非難できたものだ。ほかの抵抗手段を教えてほしいものである。さもなければ、帝国の敵は虫けらとして葬られる運命を甘受せよといっているに等しい。

「日本」はいつを転機にこの道に迷い込んだのか。気の早い人は占領軍の物心両面の支援で総評が結成された時期、既に日本を変革することを志向する勢力の多数派の背骨は折れてしまっていたのだというかもしれない。私もそれを否定はしないが、直接の起点は、国鉄分割民営化と連合主導の労戦統一に、次の転機は社会党の首相による安保の容認に、そして最後は、ガイドライン関連国内法の制定による動員体制を整備した状況で9・11を迎えた二〇〇一年に求められるように思う。この間、世界はベルリンの壁の崩壊を経験し、冷戦の終焉がアメリカ帝国の一元支配への道を開いていたことも忘れるわけにはいかない。

日本社会が迷路にはまりこみ、先述の「楽天主義」がまさしく虚妄化するに及んで、丸山真男への評価軸を転換する必要があると自覚するようになった。たぶん九〇年代に入ってからのことである。もちろん私はそれまでも、丸山に対して全否定的な評価をしてきたわけではない。『現代政治の思想と行動』の分析は、戦前戦中についても戦後についても、同時代の水準から抜きん出たものだと一貫して考えてきた。しかし、中野敏男風に言えば「割る」思想に主要な関心を抱いていた二〇歳代の前半、秩序への統合を志向する丸山の政治思想には違和感があった。

「割る」とは、国民とか、企業の一員とか、一家とかいった共同性への虚妄の一体感に耽溺することを許さないということを意味する。大学闘争で、丸山が秩序の側に加担したのを外部者としてであったが真近に現認した二九歳のころには、違和感は極点に達した。その上、先に述べたように私は、思想も政治も、底をついても戦後のゼロ地点以下に無残なところまで後退することはないという楽天主義を信じていた。どんなに内部で抗争していても、それで敵に滅亡に追いやられることはないという暗黙の前提は、現在向き合う対象への苛酷な応接を誘導する。レーニンの党派闘争礼賛論も毛沢東の「喧嘩して仲良くなる」も、この系譜だと私は考える。それは、「割る」ことの過激さを価値とする偏りへ議論を誘導する。悪く言えば議論の内ゲバ化、ひいては行動の内ゲバ化を正当化する。

「割る」ことへの偏奇という美意識——美意識などというと、大方の顰蹙をこうむるかもしれないが、それでもこれは美意識だ。重要なのはそれが美意識と結合したものであることへの覚醒の有無である。うっとりした気分で他者との差異を誇示されたのではたまらない——はラディカリズムを豊富化する媒介となる。だが、「楽天主義」が虚妄である場合、無神経な「割る」ことへの過剰な偏奇は不毛若しくは害毒しかもたらさない。事実認識に瑕疵がある場合はなおさらだ。直近に執筆した冒頭の文章でのポストコロニアル派の丸山真男＝「国民主義」批判に対する反批判のモチーフは主にそこにある。次の二つは九〇年代中頃の文章で、ここではいわゆる右派の人々の丸山論における歴史の偽造や事実の歪曲への批判を中心的なテーマにしている。末尾の小熊英二『民主と愛国』の書評は、東大闘争での丸山の態度などを理由とする丸山への反発のルサンチマンから自由な研究態度が生んだ業績への評価と、記憶なき世代ゆえの戦後ナショナリズムへの無防備な姿勢への強い違和感、分析対象との関係意識の無神経さへの批判、などからなっている。

また、小熊の吉本論のなかで、〈オマエハ戦争ノトキモ、安保ノトキモ死ナナカッタジャナイカ〉という批判をしているが、それは絶対にやめよ、という意味のことを書いていることに少しだけ注釈を加えておきたい。読者にはこれはトリヴィアルなことへの偏奇と映ったかもしれない。しかし、誰かの思想や政治的社会的行動をあげつらうとき、命を懸けた選択を求めるのと、事実上命を捨てることを意味する行動を取らなかったことを非難するのとの間には、千里の径庭がある、ということは、大原則とされるべきことだと私は考えるのである。前者は許されるが後者は絶対に許されない。なぜなら、前者はいわばラディカリズムの本領であるが、後者は弱者・被害者、最悪の場合はその代行者の強請の思想に過ぎないからだ。前者は対象を生きた人間として遇し、それに変革を求めるが、後者は対象をモノとして遇し、土下座させ踏みつけることが自己目的とされている。後者の態度と、先述の「割る」ことへの過剰の偏奇は密通していると私は考えてきた。

筆者はおろか、対象としている思想家・理論家たちや、歴史の刻印や記憶の一切をも無化するような勢いで、派兵も「改革」も上滑りしながら実体化され、でたらめでも俗耳に入りやすいことを断言すればそれが通ってしまう社会の趨勢だし、大勢に批判的な狭い狭い言語の公共圏でも、この圏域で通りのよいラディカリズムの前線に水をさすのだから、本書が、どのみち多くの人に支持されるとは到底考えられない。また、議論の展開に意余って力足らざるところがあることも認めざるを得ない。しかし、ここでの議論の核心が、可能な限り、人々の手に渡り、眼に触れ、読み手に届くことは、近頃私自身が見失いがちな歴史への希望とでも言うべきものにとって、何がしかの寄与をなすと信じうる程度には、意味のあることを書きえたとは自負している。

四〇歳代の後半から今日まで、編著とか共著とかはないではなかったし、雑誌原稿はいくつも書いてきたが、本書は、筆者単独の新しい著作としては一七年ぶりである。今更この年齢で、再び物書きの〈地獄〉に一人前の書き手として復帰できるとは考えていないが、死ぬ前の老後というライフステージへ移行する前に、束の間の時と場所を得させて貰う位のことにはなるかもしれないと予感している。末筆ながら、本書の企画を立て実現させてくれた加藤万里さんに深く感謝する。また、いささか面映ゆいほどに心のこもった解説を書いてくれた太田昌国氏に深謝する。

（二〇〇四年一月　菅　孝行）

## 初出一覧

一、９・11以後　丸山真男をどう論じるか　（書き下ろし）

二、「時代の子」丸山真男の宿命――作為という呪縛に生きる　（『情況』一九九七年一月号）

三、擁護しなければ葬送もできない――丸山真男の追悼のされ方　（『月刊 フォーラム』一九九七年二月号）

四、戦後思想は検証されたか――書評・小熊英二『民主と愛国』　（『寄せ場』一六号　二〇〇三年五月刊）

# 解説　先人の仕事を検証することの意味

太田　昌国

## 一

　私が、菅孝行の名前と彼が書いた文章に初めて接したのは一九六二年のことだった。そのころ私は、北海道の高校を出て東京で学生生活を始めたばかりの時期だったが、その前年に発刊された思想・文学誌『試行』（同人＝吉本隆明、谷川雁、村上一郎）を、大きな刺激を受けながら読んでいた。「文化果つる地」と自嘲的に言ってきたような土地に一八年間暮らし、ごく限られた本や映画にしか触れることができなかった身にすれば、東京では何に取り組むにしても、精神的に背伸びするしかなかった。『試行』に載る文章のなかには、テーマも文体も、私の理解を絶するものもあったが、この雑誌に載るものを読まなければだめだという「予感」だけは感じていたので、どの文章にも目を通していた。結果的には消化不良に終わったものも多かったように記憶している。

その第六号（一九六二年一〇月）に菅孝行の文章『死せる「芸術」＝「新劇」に寄す』は載った。内容から判断すればわずか四歳年上でしかない人が書いたこの文章も、当時の私には難解だった。名前だけは知っている著名な演出家の新劇論に対する激しい論駁の文章であり、当時の私が大きな関心を抱いていた「芸術」と「政治」の関係をめぐる議論でもあったことを手掛かりに、何とかして読み通した。この人は、演劇を志しながら途中で挫折し、すぐ転身して当時は東映京都で映画製作に携わっている自分を、どこかで許しがたいと考えているようだった。文体がもつある種の「熱気」がいつまでも記憶に残り、当然にも著者の名も忘れがたいものとして刻み込まれた。

菅孝行の最初の単行本は、この文章の題そのままに一九六七年に刊行された（書肆・深夜叢書）。深夜叢書社は、そのころ山形を根城に、思想・文学の特異な出版活動を行なっていた出版社で、『試行』といい、深夜叢書社といい、気になる出版活動を行なっている思想運動体と、関心をもちはじめた著者の結びつきに、読者としての私は大いに満足した。度重なる引っ越しの過程でこの本は手元から失われており、いまは読み返すことができない。小さな本のたたずまいだけが、はっきりと記憶に残っている。菅孝行の二冊目の本は戯曲集『ヴァカンス／ブルースをうたえ』（三一書房、一九六九年）だった。いずれも、一九六〇年にたたかわれた日米安保条約反対闘争を現実的な背景にした思想演劇で、「遅れてきた青年」としての私に、戦後史の重大な転換期を画した安保闘争を追体験させてくれた一書であった。

こうして私にとって、菅孝行の名は演劇評論家・劇作家として、まず印象づけられた。今日の若い世代の読者に、菅孝行のこの側面はあまりよく知られてはいないかもしれない。菅が所属していた演劇集団・不連続線が活動を休止した一九七八年以降、彼が芝居の現場に関わることを長い間控えたことも、その理由となっているに違いない。しかし、菅はその後も、さまざまな角度からの演劇論を執筆する形で、自ら述懐するように「芝居をやらない状態のなかで、芝居に対する緊張を維持しつづけるという、奇妙な芸当」を続けて現在に至っている。菅孝行の多様な表現活動を理解するうえで、このことの意味を軽視することはできない。『解体する演劇』（アディン書房、一九七四年）の続編『解体する演劇　続』（れんが書房新社、一九八一年）は、再び著者自身の表現を使えば「演劇することの理論についての総括」であり、『戦後演劇：新劇はのりこえられたか』（朝日新聞社、一九八一年、増補版は社会評論社、二〇〇三年）は「演劇することの歴史についての総括」の書である。これらに、作品論『想像力の社会史：作劇の時間構造』（未来社、一九八三年）を加えて、著者自らが「演劇三部作」と呼んでいる。『関係としての身体』（れんが書房新社、一九八一年）や『身体論:関係を内視する』（れんが書房新社、一九八三年）という著作も、「ことば」と共に「身体」を決定的に重要なモメント（契機）として成立し得る演劇表現へのこだわりがあったからこそ、必然的に書かれたものだと言えよう。

私が「観客」として演劇に魅せられて以降、菅孝行の演劇論は、戦後日本社会の変容の過程に位置づけられた「演劇の精神史」とでも言うべきものをふりかえる時にも、また「ことば」や「身体」をめぐって哲学的な領域のことがらを考える時にも、欠くことのできない水先案内人あるいは伴走者となってきた。

## 二

演劇が菅孝行の表現活動の出発点であることは、右に挙げたいくつもの演劇関連書リストを見るだけでわかる。今日に至るまで、彼がこの場所を固有なものとして大事にしてきていることは、ごく最近も、演劇関係の同人誌での発言が目立っていることから明らかであろう。

だが、菅孝行の関心と仕事には、当初から、そこに収まりきらない、大きな広がりがある。それは、項目別に要約することを簡単には許さない広がりだと言えるが、私が大事だと思う点をふたつに限って挙げてみる。

ひとつには、社会に現存する差別構造を「天皇（制）論」を通して批判的に分析する仕事である。それは、『天皇論ノート』（田畑書店、一九七五年、新版は明石書店、一九八六年）を皮切りに次々と積み上げられて、編著を含めると、高い山をなす仕事として結実している。

菅孝行の天皇制批判の仕事は、主として一九七〇年代半ばから八〇年代半ばにかけて集中的になされた。一九七五年天皇夫妻の米国訪問によってあらためて象徴天皇制の意味と天皇の戦争責任の問題とが浮上した時期に始まり、やがて「昭和」天皇＝裕仁が死亡し、新しい天皇＝明仁へと代替わりする一九八九年へと至る直前の時代状況のなかにおいて、である。前天皇の死と新天皇の即位をめぐるさまざまな奇怪な儀式を見せつけられながら、私は、菅が天皇制論のごく初期の段階で行なった「嬰児殺し論」の鮮やかさを思い出した。それは、子殺し、とりわけ母親の嬰児殺しに見られる残虐性を、天皇制の存在構造の歴史性と関連づけて考察した「嬰児殺しとは何か」という文章である（『天皇論ノート』所収）。また、ある一族を特権的な位置に押し上げるためには、「他者」との関係がどのようなものとして形成されなければならないか、という問題意識に発して、一国内の差別構造を分析した『現代の部落差別と天皇制：国家権力と差別構造』（明石書店、一九七八年）や『賤民文化と天皇制』(明石書店、一九八四年)などの仕事の意義を噛み締めたことも思い出す。

ふたつめには、アジア太平洋戦争後の日本の社会思想に対して、菅孝行が持ち続けている深い関心が反映されている一連の仕事である。『吉本隆明論』(第三文明社、一九七三年)、『竹内好論』(三一書房、一九七六年)、『鶴見俊輔論』(第三文明社、一九八〇年)などの戦後思想家論は、著作家としての菅孝行が行なった比較的初期の仕事の中に入っている。吉本、竹内、鶴見は、いずれも、それぞれが持つ思想態度・出処進退の独自性において、菅に限らず後代を生きる私たちに、(あるときには正の、またあるときには負の)強烈な影響と示唆を与え続けてくれた思想家である。早い時期にこれら三人の論客とあいまみえる場所に進み出たことに、菅孝行の強い自負を見る。『竹内好論』には竹内と丸山真男の比較を試みた一節がすでにあるが、今回の「丸山真男論」が一連の戦後思想家論の延長上に位置する作品であることは、容易にみてとることができよう。

それにしても、戦後思想家論としては二〇数年の「空白」を経て(この表現は、公的に発表されたものを読む読者の立場からの物言いであって、著者の内面の動機とは関わり合いが、ない)、菅孝行は、いま、なぜ、丸山真男を論ずることに意味を見出したのだろうか。それは、本書の冒頭において「9・11以降」の状況論として明快に語られていることなので、屋上屋を架することはやめよう。

学生時代に読んだ『日本の思想』（岩波書店、一九六一年）と『増補版　現代政治の思想と行動』（未来社、一九六四年）以来、丸山真男は私にとっても、つねに気になる思想家であり続けている。丸山の死後すでに七年有余になるが、著作集（岩波書店、全16巻、別巻1）はもとより、『講義録』（東大出版会、全7冊）、『書簡集』（みすず書房、全5巻）が編まれ、さらには著作集未収録の談話、講演、自主ゼミナール、雑談（丸山がそれを好んだことは、よく知られている）、思い出話の類いが連綿と記録される小冊子『丸山真男手帖』（丸山真男手帖の会）も二〇〇四年初頭段階で二八号を数え、刊行が終わる気配は、ない。

それだけの「魅力」と「吸引力」を持ちえている人物の文章・論文を読むという行為は、時代の様相が急激な変化にさらされている現在においても、何かに寄与しうるのか。丸山が近代世界の前提としていた認識と価値の枠組の原型には西欧の理念があるが、「9・11」以後、その理念とは似ても似つかぬ剥き出しの暴力を米国とイギリスが中心になって行使している。こうして、普遍性・公共性を志向してきた西欧近代の「理念」は、限りなく暴力的な「存在」によって裏切られている。多くの人びとが実感している、二一世紀初頭のこの恐るべき現実の只中にあって、この「理念」に賭けた丸山思想は生き延びることが可能なのか。戦後思想史を知る者には、切実で魅力的な問いに、菅孝行は本書で取り組んだ。

菅孝行の文章が、きわめてポレミック（論争的）なものであることは、最初に出会った文章以来、私に強く印象づけられていることである。本書においても、その性格は貫かれているように見える。著者からすれば、「二一世紀のパラダイムで、二〇世紀前半の思想と学問を裁断している」ことで、「空しくも常に正しく、常勝」する「左右」の批判者たちが、無根拠な丸山批判に興じていると見えるからである。

解説者としての私は、菅孝行がなしてきた仕事の幅と奥行きを、比較的若い読者に向けて道案内するのが役目であり、この論争の審判者としてふるまったり、どちらかに荷担したり、自分独自の考えを披瀝する立場には、ない。私もまた、「9・11」以後、さらに言えばペルシャ湾岸戦争以後の時代状況の中で、政治・軍事・経済・文化帝国としての米国のあり方を規定してきた「理念」と「存在の現実」を批判的に再考する課題を自らに課してきた。日本が、より小さな帝国として、その米国の後追いをしている現実にも居たたまれなさをおぼえ、多くの人びとと共にこれを逆転する契機を掴もうとしてきた。その方法は、差し当たっては菅とは別な回路をたどることになるかもしれないが、同じ課題に不可避的に取り組む「同志」の存在を、本書から感じとった。

菅孝行はかつて、演劇論において、「テント・小劇場の演劇をつくることにかかわったすべての者は、制度としての新演劇の墓掘り人にはもっともふさわしいはずである。墓掘り人なしに、歴史が進んだためしはない」と書いた。それは、もちろん、批判すべき先人をいち早く葬ることを自己目的とするものではなく、自分たちがなした仕事が「葬り方」としての内実を伴っているという確信があっての言葉であっただろう。後世の人間が先人の仕事を検証するとき、「葬り方」をめぐる論争は必然的に起こる。事実、菅孝行の本文の脱稿に前後して、安川寿之輔の『福沢諭吉と丸山真男：「丸山諭吉」神話を解体する』（高文研、二〇〇三年）が出版され、そこでは丸山の福沢解釈をめぐって、激烈な批判が展開されている。論争は、さらに深く、継続されなければならないのだ。

　いずれにせよ、丸山真男を非歴史的に「葬る」ことを急ぐのではなく、「葬り方」をこそ問題としようという本書の呼びかけに、菅孝行の「成熟」を見る——と、年下の私としてはおこがましい言い方だが、あえて言っておきたい。

## 著者略歴

## 菅　孝行（かん　たかゆき）

1939年東京に生まれる。
1962年東京大学文学部卒。
現在　劇作家、評論家、財団法人静岡舞台芸術センター付属研修所講師、河合塾小論文科講師、河合文化教育研究所研究員
**作品**　戯曲集『ヴァカンス／ブルースをうたえ』69年、『いえろうあんちごうね』78年、戯曲『はんらん狂騒曲』71年、シナリオ『北村透谷一わが冬の歌』（ATG）78年
**著書**　『死せる「芸術」＝「新劇」に寄す』67年、『吉本隆明論』73年、『騒乱のフォークロア』73年、『解体する演劇』74年、『天皇論ノート』75年、『延命と廃絶』75年、『竹内好論』76年、『天皇制——解体の論理——』77年、『反昭和思想論』77年、『戦後思想の現在』78年、『現代の部落差別と天皇制』78年、『現代史のなかの学生』79年、『戦後精神』80年、『鶴見俊輔論』80年、『関係としての身体』81年、『戦後演劇』81年、『続解体する演劇』81年、『全学連』82年、『何よりもダメな日本』82年、『マルクスと現代』82年、『感性からの自由を求めて』82年、『賎民文化と天皇制』83年、『身体論』83年、『天皇制』83年、『反昭和史』83年、『想像力の社会史』83年、『女の自立・男の自由』84年、『現代天皇制の統合原理』84年、『戦後民主主義の決算書』85年、『差別』85年、『高度成長の社会史』87年、（編著）『叢論・天皇制一・二・三』87-88年、（高野孟と共著）『日本の権力』90年、『増補・戦後演劇』03年



## 9・11以後　丸山真男をどう読むか

---

2004年２月25日　第１刷発行

著者　菅　孝　行©
装幀　谷　川　晃　一
発行　河合文化教育研究所
〒464-8610　名古屋市千種区今池2-1-10
TEL　(052) 735-1706㈹

発売　㈱河合出版
〒151-0051　東京都渋谷区千駄ヶ谷5-1-6
TEL　(03) 3354-1481㈹
〒464-8610　名古屋市千種区今池2-1-10
TEL　(052) 735-1575㈹

印刷 製本　㈱あるむ

---

ISBN4-87999-936-9

1
## マザコン少年の末路
●女と男の未来（増補版）
上野千鶴子

「マザコン少年」という日本的現象の背後に横たわる母子密着の病理を通して、女の抑圧の構造を鮮やかに切り開く。本文の「自閉症」の記述についての抗議に対する新たな付論つき。（解説　青木和子）

680円

2
## 科学とのつき合い方
高木仁三郎

起こるべくして起きた史上最悪のチェルノブイリ原発事故。巨大化した現代科学の実態と危険性を証し、これにどう向き合うかを、科学者の良心と知恵をこめて語る。（解説　中島眞一郎）

400円

3
## 現代文学はどこで成立するか
北川　透

言葉のパフォーマンスによって近代文学の挫折をのりこえようとする現代詩。その可能性を、グリコ森永事件やコマーシャルコピーから展開した全く新しくユニークな文学論。（解説　山田伸吾）

400円

4
## ディドロの〈現代性〉
中川久定

十八世紀ヨーロッパの近代的知の光の中で、その全領域に関わりながらも、周縁＝闇の復権をめざして早くも近代を超える新しい〈知〉を創出していったディドロの思想を考える。（解説　牧野　剛）

400円

5
## 境界線上のトマト
●『遠雷』はどこへ行くか
立松和平

「遠雷」「一寸法師」など、異空間異文化間の境界と交渉をモチーフとした物語の解読を通して、文化の活性地点としての境界線上から、日本社会の内なる解体の行方を問う。（解説　茅嶋洋一）

400円

（表示価格は本体のみの価格です）

11
人と人とのあいだの病理　木村　敏

分裂病、対人恐怖症等〈自己〉の保全に関わる危機の原因を自己と他者との〝あいだ〟に探るという独自の方法を通して、西洋近代の実体的自己に換わる全く新しい自己像を打ち出す。（解説　八木暉雄）

680円

12
幻の王朝から現代都市へ　●ハイ・イメージの横断　吉本隆明

著者近年のテーマであるハイイメージ論を駆使して古代史の謎を洗い直すとともに、自然史的発展を越えて進む現代都市の構造をも鋭く解析した、画期的にして壮大なイメージ論。（解説　鈴木　亙）

500円

13
ミミズと河童のよみがえり　●柳川堀割から水を考える　広松　伝

渇水、水道汚染、地盤沈下——現代の深刻な水危機の中、行政と住民一体の堀割再生という柳川の奇跡的な実践を通して、いまこそ水とつき合い水を生かすことの重要さを訴える。（解説　坂本紘二）

750円

14
映画からの解放　●小津安二郎「麦秋」を見る　蓮實重彦

映画の文法に亀裂と破綻を呼びこんでいった「小津映画」という事件を通して、共同体が容認する物語＝イメージの抑圧からいかなる解放が可能かをスリリングに解き明かす。（解説　石原　開）

680円

15
言葉・文化・無意識　丸山圭三郎

ソシュールの原典の徹底的読みと検証を通して実体論的言語学を根底から覆した著者が、言葉が主体を離れて自己増殖をとげる深層意識に光をあて、〈文化〉発生の磁場を探る。（解説　山本　啓）

680円

21 半生の思想　最首悟

現実の矛盾とねじれをどこまでも生き抜く方法としての〃中途半端〃の思想を通して、大学闘争、水俣、科学、自己、と近代の軸に関わる問題に生活の深みから迫ったユニークな思想論。（解説　大門卓）

505円

22 ヨーロッパ史をいかに学ぶか　阿部謹也

独自の西洋中世史研究で名高い著者が、自らの足許と異文化とを往還的に照らし出す作業を通して、ヨーロッパという異文化が投げかける意味と光を重層的に読み開いた魅力の書。（解説　柴山隆司）

750円

23 世界のなかの日本映画　山根貞男

映画を作る側と観る側の境界線上に身を置き、その独自の評論でどちらの側をも挑発してやまない著者が、映画を純粋に映画として観ることの輝きと豊かさを、愛をこめて語る。（解説　石原開）

680円

24 世紀末世界をどう生きるか　●「新右翼」の立場から　鈴木邦男

日本的エートスにこだわりながら「言論の自由」を貫徹するという、民族主義・近代主義の両方を乗り越えた著者が、混迷の度を深める世紀末世界を若者を軸に明快に読み解く。（解説　牧野剛）

680円

25 海から見た日本史像　●奥能登地域と時国家を中心として　網野善彦

「日本島国論」「稲作中心史観」の上に成立してきた従来の日本史像を、海によって栄えた奥能登・時国家への実証的研究と厳密な調査によって転換し、真の日本史像を構築する。（解説　外信也）

680円

## 河合ブックレット

**26　なにが不自由で、どちらが自由か　●ちがうことこそばんざい**　牧口一二

「障害」を個性だと捉える著者が、松葉杖とじっくりつき合いながら、「障害者」であることの豊かさをバネに生きることの意味を根底から問い直した、心暖まる自己変革への招待状。（解説　趙　博）

680円

**27　〈市民的政治文化〉の時代へ　●主権国家の終焉と「グローカリズム」**　今井弘道

ポスト主権国家時代の社会を作る新しい「市民」とは何かを、現代の世界状況と官僚主義国家日本近代を貫いた民衆意識の鋭い分析を通して初めて正面から論じた鮮やかな市民論。（解説　角倉邦良）

825円

**28　歴史のなかの「戦後」**　栗原幸夫

戦後文学の意味の徹底吟味を通して日本社会の上げ底のいまを問うと同時に、過去と他者への二重の想像力を媒介に世界と〈私〉との生きた交通をめざした、新しい「戦後」論考。（解説　池田浩士）

680円

**29　からだ・こころ・生命**　木村　敏

西欧近代の実体的自己像を、独自の「あいだ」理論によって決定的に乗り越えた著者が、自己と環境の相即・境界に光をあて、前人未踏の「こと」としての生命論を展開する。（解説　野家啓一）

750円

**30　アジアと出会うこと**　加々美光行

自らの内なるアジアを手がかりに中国・アジアの人々の希望と痛みを共有し、非西欧世界近代の意味を改めて問い直すことを通して、飢餓と戦争を越える新しい世界への道を探る。（解説　江藤俊一）

750円

31

## 2001《グレートジャーニー》年地球の旅

関野吉晴

南米最南端からユーラシア大陸を経てアフリカの人類発祥の地へと、化石燃料を使わずに人力のみで遡行したグレートジャーニー。現代文明を撃つその壮大な旅の中間報告。（解説　牧野　剛）

750円

32

## 歴史のなかの文学・芸術

●参加の文化としてのファシズムを考える

池田浩士

未曾有の暴力と殺戮を展開した20世紀ファシズム。その淵源は民衆の参加にある――現代大衆社会の文学・芸術を鋭く読み直し、〈近代〉の正嫡としてのファシズムの意味を問い直す。（解説　栗原幸夫）

750円